# MINIMUS

## Conhecendo o Latim

**Barbara Bell**

Ilustrações de **Helen Forte**
Tradução de **Fábia Alvim Leite**

5ª impressão

Copyright © Cambridge University Press 1999
Copyright da edição brasileira © 2015 Editora Filocalia
Título original: *Minimus Starting out in Latin (Pupil's Book)*.

**Editor**
Edson Manoel de Oliveira Filho

**Produção editorial**
Editora Filocalia

**Capa e projeto gráfico**
Angela Ashton

**Revisão**
Felipe Augusto

Reservados todos os direitos desta obra. Proibida toda e qualquer reprodução desta edição por qualquer meio ou forma, seja ela eletrônica ou mecânica, fotocópia, gravação ou qualquer outro meio de reprodução, sem permissão expressa do editor.

**DADOS INTERNACIONAIS DE CATALOGAÇÃO NA PUBLICAÇÃO (CIP)**
Angélica Ilacqua CRB-8/7057

Bell, Barbara
    Minimus : conhecendo o latim : livro do aluno / Barbara Bell ; ilustrações de Helen Forte ; tradução de Fábia Alvim Leite. -- São Paulo : Filocalia, 2015.
    80 p. : il., color.

ISBN 978-85-69677-03-1
Título original: *Minimus Starting out in Latin (Pupil's Book)*

1. Língua Latina. 2. Livro didático. I. Forte, Helen. II. Leite, Fábia Alvim. III. Título.

15-0967                                         CDD: 478
                                                CDU: 811.124

**Índices para catálogo sistemático**
1. Língua Latina

Editora Filocalia Ltda.
Rua França Pinto, 509 · São Paulo SP · 04016-032 Telefone: (5511) 5572 5363
atendimento@filocalia.com.br · www.editorafilocalia.com.br

Este livro foi impresso pela Mundial Gráfica em fevereiro de 2023. Os tipos são da família Scala Sans, Palatino, Tempus e Comic Sans. O papel do miolo é o Off Set LD 120 g., e o da capa, cartão Ningbo CS2 250g.

# Conteúdo

| | | |
|---|---|---|
| | INTRODUÇÃO | 5 |
| 1 | CONHEÇA A FAMÍLIA | 6 |
| 2 | COMIDA, DELICIOSA COMIDA! | 12 |
| 3 | TRABALHO, TRABALHO, TRABALHO! | 19 |
| 4 | OS MELHORES DIAS DA SUA VIDA | 25 |
| 5 | ROMANOS E BRETÕES | 31 |
| 6 | PARA A CIDADE | 37 |
| 7 | A MÁQUINA MILITAR | 44 |
| 8 | LIMPAS E SAUDÁVEIS | 50 |
| 9 | VIDA DE SOLDADO | 57 |
| 10 | QUE LINDO! | 63 |
| 11 | UM DIA TRISTE | 68 |
| 12 | DEUSES, OUÇAM AS NOSSAS PRECES! | 75 |

# Introdução

Há aproximadamente dois mil anos, a Bretanha foi conquistada pelos romanos, e os bretões se tornaram parte do gigantesco Império Romano. A família romana que você vai conhecer viveu no norte da Bretanha, em um lugar chamado Vindolanda.

Olhe este mapa da Bretanha Romana e encontre Vindolanda. Ela fica próxima à Muralha de Adriano.

Cerca de 75 anos após a chegada dos romanos, o imperador romano Adriano foi à Bretanha e ordenou a seus soldados a construção de uma grande muralha. Os soldados, então, precisavam proteger a muralha. Ela é conhecida como a Muralha de Adriano e ainda é possível ver partes dela hoje em dia. Ela se estende de leste a oeste no norte da Bretanha e passa perto de Vindolanda.

É ali que eu moro!

# 1 Conheça a família

## Quem é você?

 **PALAVRAS PARA AJUDAR**

**quis es?:** Quem é você?
**qui estis?:** Quem são vocês?
**mater:** mãe
**pater:** pai
**filia:** filha
**filius:** filho
**infans:** criança pequena
**servi:** escravos
**Vindolandae:** em Vindolanda

Na história em quadrinhos, você encontrou as palavras latinas que querem dizer "eu sou/estou", "você é/está", "nós somos/estamos" e "vocês são/estão". Aqui estão elas novamente:

**sum:** (eu) sou/estou
**es:** (você) é/está
**sumus:** (nós) somos/estamos
**estis:** (vocês) são/estão

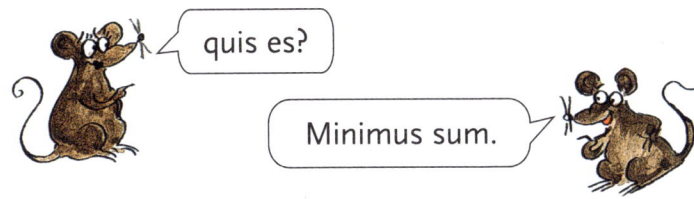

**DESCUBRA A GRAMÁTICA**

Veja outra vez a história em quadrinhos, em que você encontrou **Flavius** e sua família. Nas sentenças latinas você encontrou vários substantivos. Um substantivo é uma palavra que dá nome às coisas, como **mus** (camundongo), **feles** (gato), **mater** (mãe) e o nome **Flavia**.

1 Usando a palavra latina para "eu sou", apresente-se para seu colega. Tente fazer seu nome ter um som parecido com um nome latino. Acrescente *-us* ao seu nome se você é menino, e *-a* se você é menina (e caso seu nome não termine em *-a*). Assim, **Antônio** será *Antonius* e **Beatriz** será *Beatriza*, por exemplo.

2 Pergunte o nome de seu colega usando a pergunta latina que significa "Quem é você?".

**N.B.** (N.B. é a abreviatura para a expressão latina **nota bene**, que significa "atenção"). Em latim, os nomes de homens e meninos terminam em *-us*, como **Flavius** e **Corinthus**. As mulheres e meninas têm nomes que terminam em *-a*, como **Flavia** e **Lepidina**.

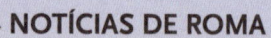

NOTÍCIAS DE ROMA

Flavius, o pai da família que estamos conhecendo, é responsável pelo forte romano em Vindolanda. Ele e sua família viveram lá entre 97 e 102 depois de Cristo (d.C.), aproximadamente.

Em História, quando se fala em datas, é importante conferir se elas se referem ao período anterior (a.C.) ou posterior (d.C.) ao nascimento de Cristo – a.C. é a abreviatura para "antes de Cristo" e d.C. para "depois de Cristo".

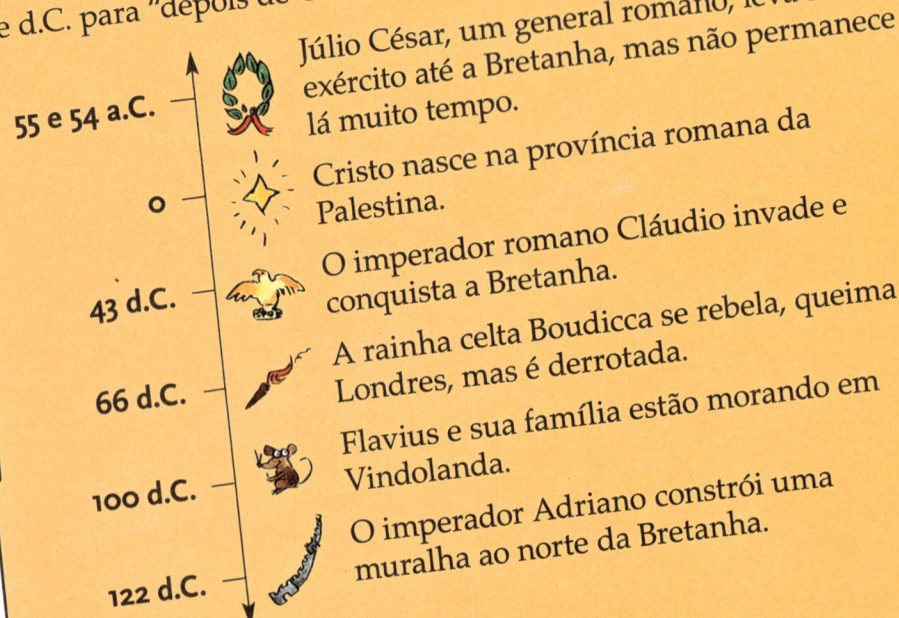

55 e 54 a.C. — Júlio César, um general romano, leva seu exército até a Bretanha, mas não permanece lá muito tempo.

0 — Cristo nasce na província romana da Palestina.

43 d.C. — O imperador romano Cláudio invade e conquista a Bretanha.

66 d.C. — A rainha celta Boudicca se rebela, queima Londres, mas é derrotada.

100 d.C. — Flavius e sua família estão morando em Vindolanda.

122 d.C. — O imperador Adriano constrói uma muralha ao norte da Bretanha.

## A festa de aniversário

Um dia, Lepidina recebe uma carta muito legal de sua amiga Claudia, que mora em outro forte romano.

> carissima Lepidina,
> iii idus Septembres, veni ad diem natalem meum.
> vale, soror, anima mea.
>
> Claudia

 **PALAVRAS PARA AJUDAR**

**carissima:** querida  
**iii idus:** dia onze  
**diem natalem:** aniversário  

**soror:** irmã  
**anima:** alma  

Esta foto mostra um convite de aniversário verdadeiro, encontrado em Vindolanda.

Lepidina chega à festa:

### PALAVRAS PARA AJUDAR

**salve!:** oi! (para uma pessoa)
**salvete!:** oi! (para mais de uma pessoa)
**omnes:** todos
**exspectatissimus:** muito bem-vindo!
**donum:** presente
**tibi:** para você
**habeo:** eu tenho
**felix dies tibi sit!:** Feliz Aniversário! (Que você tenha um dia feliz!)

**gratias tibi ago:** obrigado(a)
**quam pulchrum:** que lindo!
**sed:** mas
**quid?:** o quê?
**famosa:** famosa
**considite:** sentem-se
**olim:** Era uma vez...

Claudia entretém seus convidados contando a eles um mito grego:

---

#### PERSEU E MEDUSA

Muito tempo atrás, na Grécia, vivia uma moça chamada Medusa, que era linda, mas orgulhosa e cruel. Ela irritou os deuses e, para puni-la, eles a transformaram em um monstro. Seu lindo cabelo ganhou vida, um emaranhado ninho de cobras sibilantes. Seu rosto tornou-se tão feio que quem quer que olhasse para ela se transformava em pedra. Cheia de ódio e amargura, ela espalhou terror sobre aquele lugar. Muitos homens tentaram derrotar a monstruosa Medusa, mas todos falharam.

Longe dali, um herói chamado Perseu jurou matar Medusa e se lançou bravamente nessa missão quase impossível. Por sorte, os deuses o ajudaram. Eles lhe emprestaram sandálias aladas, uma foice mágica e um escudo brilhante de bronze. Perseu voou por dias, até alcançar o esconderijo de Medusa. Ele a encontrou dormindo profundamente, cercada de estátuas de pedra de homens aterrorizados. Olhando apenas para o reflexo de Medusa em seu escudo, Perseu cortou sua cabeça e voou de volta para casa.

---

**Lembre-se:** um substantivo é uma palavra que dá nome a uma pessoa, a um lugar ou a um objeto.

### PALAVRAS PARA LEMBRAR

**sum:** (eu) sou/estou
**es:** (você) é/está
**sumus:** (nós) somos/estamos
**estis:** (vocês) são/estão
**considite:** sentem-se

**omnes:** todos
**quis?:** quem?
**quid?:** o quê?
**salve:** oi (para uma pessoa)
**salvete:** oi (para mais de uma pessoa)

# 2 Comida, deliciosa comida!

## O Governador está chegando!

Flavius e Lepidina receberam uma carta com a notícia de que Marcellus, o governador da Bretanha, está a caminho para visitá-los em Vindolanda. A família se prepara para receber um visitante tão ilustre.

**PALAVRAS PARA AJUDAR**

**eheu!:** céus!     **est:** é/está           **tunica:** túnica, roupa
**villa:** casa      **hortus:** jardim        **fessi:** cansados
**sordida:** suja    **squalidus:** bagunçado  **euge!:** oba!
                                               **miles:** soldado

> Por que você acha que Lepidina, Flavius e Flavia estão preocupados com a visita do governador? Lembre-se de que Marcellus está no comando de toda a Bretanha.
>
> Por que Candidus e Corinthus não estão satisfeitos com isso?
>
> Por que Iulius está empolgado com a visita de Marcellus?
>
> E por que a visita é boa para Minimus? E Vibrissa?

 **DESCUBRA A GRAMÁTICA**

No capítulo 1 você aprendeu que o substantivo é uma palavra que dá nome a uma pessoa, um lugar ou um objeto. Mas nossos textos tornam-se muito mais interessantes quando descrevemos esses substantivos. As palavras que usamos para descrever os substantivos são chamadas **adjetivos**.

A palavra "mesa" é um **substantivo**, pois é um objeto. Você pode descrevê-la com um **adjetivo** como "nova", "velha", "riscada", "grande", "marrom" ou "retangular".

Substantivos terminados em *a* são chamados **substantivos femininos** (como **villa, tunica** e o nome **Flavia**). Substantivos terminados em *-us* são chamados **substantivos masculinos** (como **hortus** e o nome **Flavius**).

1  Dê mais uma olhada nos quadrinhos.
   Lepidina descreve a casa como "suja": **villa sordida**.
   Flavius descreve o jardim como "bagunçado": **hortus squalidus.**

> Você consegue perceber que o final do adjetivo combina com o final do substantivo?

Veja o terceiro quadrinho. Qual **substantivo** latino significa "roupa"? Qual **adjetivo** o descreve? Essas palavras são masculinas ou femininas?

**2** Estas sentenças descrevem animais. Os nomes dos animais são substantivos. Cada oração tem um substantivo e um adjetivo. Você consegue traduzi-los para o português?

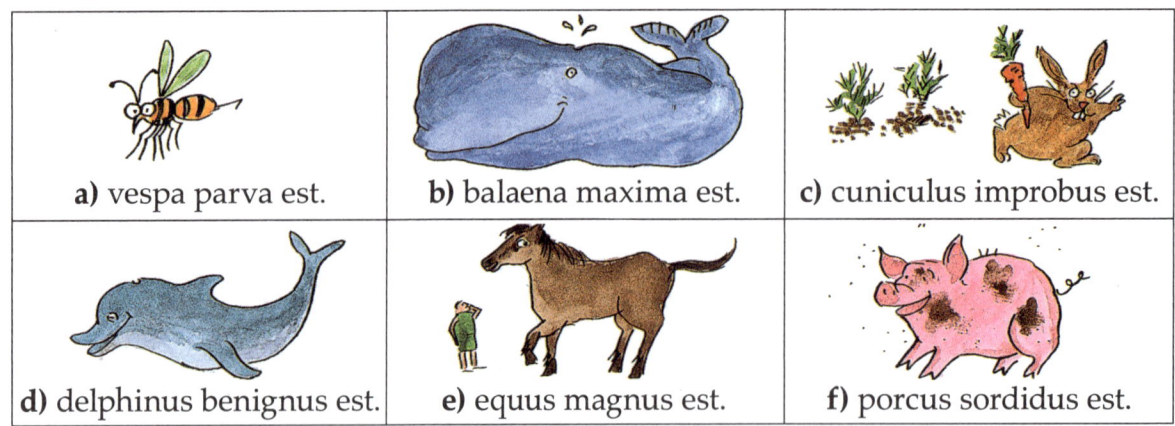

| a) vespa parva est. | b) balaena maxima est. | c) cuniculus improbus est. |
| d) delphinus benignus est. | e) equus magnus est. | f) porcus sordidus est. |

Cada oração também contém a importante palavra **est**. Você lembra o que ela significa?

 **PALAVRAS PARA AJUDAR**

**vespa:** vespa
**parva:** pequena
**balaena:** baleia
**maxima:** enorme

**cuniculus:** coelho
**improbus:** levado
**delphinus:** golfinho

**benignus:** amigável
**magnus:** grande
**porcus:** porco

Como você se saiu? Se você acertou a maioria, você é **callidissima** (se for menina) ou **callidissimus** (se for menino). Ou seja: você é *muito inteligente*!

**3** Descreva-se a um colega. Lembre-se de que o adjetivo empregado deve ter a terminação adequada: **-us** para menino e **-a** para menina. Você vai precisar também da palavra latina **sum** ("sou/estou"). Agora, descreva seu colega, ou talvez seu(sua) professor(a). Utilize a palavra **est** para "ele é/está" ou "ela é/está".

 **PALAVRAS PARA AJUDAR**

**bonus/bona:** bom/boa
**callidus/callida:** inteligente
**formosus/formosa:** bonito(a)
**ignavus/ignava:** preguiçoso(a)
**improbus/improba:** levado(a)

**magnus/magna:** grande
**minimus/minima:** muito pequeno(a)
**optimus/optima:** ótimo(a)
**parvus/parva:** pequeno(a)
**strenuus/strenua:** agitado(a)

 Agora você percebe o porquê do meu nome. Se eu fosse uma camundonga, meu nome seria *Minima*!!

**RAÍZES LATINAS**

Nas orações abaixo, as palavras sublinhadas vêm todas do latim. Algumas delas podem ser novas para você. Escreva a palavra latina que deu origem a cada uma das palavras sublinhadas. Em seguida, escreva o significado dessas palavras. (Para ajuda nas respostas, veja novamente as palavras na página 14.)

1 Se você obtiver o número <u>máximo</u> de pontos em um teste, você ficará feliz?

2 Se o seu esforço para estudar for <u>mínimo</u>, você deixará seu professor feliz?

3 Como é um jantar <u>magnífico</u>?

4 Como é uma estátua <u>equestre</u>?

 **NOTÍCIAS DE ROMA**

### Comida romana

Candidus está organizando um jantar especial para a visita do governador. Os romanos não comiam muito no café da manhã ou no almoço, mas faziam uma grande refeição que começava no final da tarde. Essa refeição era conhecida como *cena*. Um romano rico oferecia a seus convidados uma refeição para impressioná-los e poderia entretê-los com poesia, canto, ou mesmo com exibições de acrobacias enquanto comiam. Mesmo em Vindolanda, nos confins do Império Romano, Flavius podia proporcionar a seus hóspedes um jantar maravilhoso, com vinho especial e comidas como ostras e carne de veado.

Os romanos comiam muitas das comidas de que gostamos ainda hoje: frango, porco, peixe e muitos vegetais e frutas. Também comiam coisas que acharíamos estranhas – ou até nojentas – como ratazanas recheadas!

Os cozinheiros romanos faziam um saboroso molho de peixe chamado *liquamen*, que usavam em muitas receitas. Os convidados gostavam de tomar bastante vinho durante a *cena*, mas diluído com água.

A comida dos soldados comandados por Flavius era mais simples: pão, vegetais, bacon e presunto. Em Vindolanda, também tomavam cerveja.

## Jantar para o Governador

Todos estão prontos para o jantar especial. O lugar de honra é reservado a Marcellus, o governador. Candidus e Corinthus trouxeram a comida, mas onde está Rufus?

## PALAVRAS PARA AJUDAR

**vir optime:** senhor
**caseus:** queijo
**surge!:** levante-se!
**nunc:** agora
**noli tangere:** não toque
**omnes silent:** todos estão em silêncio, todos ficam quietos

**redi:** volte
**cubiculum:** quarto
**noli lacrimare:** não chore
**scilicet:** claro!
**omnes rident:** todos riem
**praecipue:** especialmente

Esta foto mostra utensílios de cerâmica encontrados em Vindolanda.

Marcellus conta a história de outro menino que, como Rufus, não obedeceu a seu pai!

### DÉDALO E ÍCARO

Minos, rei de Creta, pediu a Dédalo, famoso construtor e inventor, que lhe construísse um labirinto. Entretanto, assim que o labirinto ficou pronto, o rei ficou furioso com Dédalo e o trancou, junto com seu filho Ícaro, numa torre em sua ilha. Eles não podiam escapar por terra nem pelo mar. Dédalo estava determinado a fugir e usou suas habilidades para fazer asas para si próprio e para Ícaro, unindo as penas com linha e cera. Quando Dédalo prendeu as asas a seus braços e aos braços do filho, eles puderam finalmente voar, até o céu.

"Voe perto de mim", Dédalo advertiu seu filho. "Se você voar muito alto, o sol vai derreter a cera. Se você voar muito baixo, o mar irá encharcar as penas".

Dédalo voou em segurança até a Sicília, mas Ícaro desobedeceu às instruções de seu pai. A cera derreteu, as penas caíram, e o menino afundou no mar.

**Lembre se:** adjetivos são palavras de descrição que nos informam mais sobre os substantivos.

 **PALAVRAS PARA LEMBRAR**

**servi:** escravos
**bonus/bona:** bom/boa
**miles:** soldado
**optimus/optima:** ótimo/ótima
**cibus:** comida
**eheu!:** céus!

**villa:** casa
**euge!:** oba!
**parvus/parva:** pequeno/pequena
**conside:** sente-se
**improbus/improba:** levado/levada
**noli lacrimare:** não chore

# 3 Trabalho, trabalho, trabalho!

## O que você está fazendo?

Todos estão ocupados na casa de Flavius.

### PALAVRAS PARA AJUDAR

**facis:** você está fazendo
**scribo:** estou escrevendo
**scribit:** está escrevendo
**spectat:** está olhando
**purgo:** estou limpando
**purgat:** está limpando

**lego:** estou lendo
**legit:** está lendo
**verro:** estou varrendo
**verrit:** está varrendo
**subito:** de repente
**ancilla:** jovem escrava

**intrat:** entra
**nova:** nova
**nunc:** agora
**laborant:** estão trabalhando
**rident:** estão rindo

### DESCUBRA A GRAMÁTICA

Na história em quadrinhos, cada uma das pessoas está fazendo alguma coisa. As palavras que usamos para falar de ações são chamadas **verbos**. Por exemplo: Corinthus **está escrevendo** e Candidus **está limpando** o vaso. O que Rufus está fazendo?

1. Veja novamente os quadrinhos. Encontre as palavras latinas que indicam o que as personagens estão fazendo. Essas palavras – os verbos – aparecem no final de cada frase. Escreva os **verbos** em latim e, em seguida, escreva o significado em português ao lado de cada um. Por exemplo: **scribit** – está escrevendo.

Quero que você grave que, se um verbo termina em **-t**, então é **ele** ou **ela** que realiza a ação.

2. Agora, veja novamente a história em quadrinhos para ver quem está realizando a ação quando o verbo termina em **-o** ou **-nt**.

Em latim, como em português, você não precisa usar explicitamente as palavras *eu*, *ele*, *ela* ou *eles*, *elas*. **A terminação do verbo indica quem está realizando a ação.**

3. Escreva esses verbos latinos. Circule o final que indica quem está realizando a ação. Em seguida, escreva o significado em português da palavra, esclarecendo quem realiza a ação.

   a) scribit
   b) spectat
   c) specto
   d) scribo
   e) specta**nt**
   f) faci**s**
   g) scribu**nt**
   h) scribi**s**

## NOTÍCIAS DE ROMA

Quem são os escravos?

Corinthus é um escravo vindo da Grécia. Vive com Flavius e Lepidina há muitos anos. Ele é muito inteligente e sabe ler e escrever muito bem. Ele fala tanto grego quanto latim.

Candidus sempre viveu na Bretanha. Quando a família chegou a Vindolanda, eles o compraram como escravo. Fala uma língua celta e está aprendendo latim. Ele tem muito talento para cozinhar, por isso é um escravo de grande valor, tratado com carinho por Flavius e Lepidina.

A jovem Pandora é a nova escrava. Lepidina está contente por tê-la em casa porque ela é uma cabeleireira muito boa.

Os escravos não eram pagos por seu trabalho, mas ganhavam algum dinheirinho. Às vezes, os escravos poupavam dinheiro para comprarem sua liberdade. Se fossem escravos bons e fiéis, seus senhores poderiam conceder-lhes a liberdade. Ou, então, eles podiam ser convidados a participar do jantar. Isso significava que, a partir daquele momento, estavam livres.

Veja com atenção as imagens de Corinthus e Candidus. Há algo em suas roupas que sugere de onde vieram ou que tipo de escravos eram?

# Pandora está se adaptando

Os dois escravos estão competindo. Ambos querem impressionar Pandora.

 **PALAVRAS PARA AJUDAR**

**quod:** porque
**minime!:** que nada!, não!
**lego:** leio
**coquo:** cozinho
**legis:** você lê
**coquis:** você cozinha
**validus:** forte
**semper:** sempre

### A CAIXA DE PANDORA

Os gregos contavam esta história para explicar como surgiram os problemas no mundo. Quando o mundo era jovem e os homens novos e perfeitos, Júpiter, rei dos deuses, sentiu-se ameaçado. E se esses humanos tentassem derrubá-lo? Ele os estudou cuidadosamente, e então bolou um plano. Júpiter pediu a Vulcano, deus das artes e habilidades, que fizesse uma mulher de barro. Os deuses então deram a ela como presente beleza, bondade e graça. Júpiter deu a ela a vida e um nome: Pandora. Ele a levou à Terra, à casa onde vivia um homem chamado Epimeteu. Tratava-se de um homem bom e simples, e Júpiter deu a ele Pandora, como sua noiva.

Também deu a eles, de presente, uma caixa, com instruções rígidas para que não a abrissem.

Pandora estava feliz com seu marido, mas não parava de pensar na estranha caixa. Por que não abri-la? Ela foi ficando cada vez mais curiosa, justamente como Júpiter pretendia. Certo dia, ela não aguentou mais. Pegou a caixa e abriu a tampa. Imediatamente, uma nuvem de bichinhos que voavam e picavam espalhou-se pelo ar. Eles eram todos os problemas da humanidade: doença, ódio, ira, velhice e muitos outros. Pandora tentou fechar a tampa, mas era tarde demais. Só restou uma coisa, brilhando num canto da caixa. Era a Esperança. Agora, com tantos problemas próprios, os humanos nunca mais perturbariam Júpiter, mas, pelo menos, tinham esperança no futuro.

**RAÍZES LATINAS**

■ Trabalhando com um colega, examine as palavras latinas e veja quantas palavras em português você encontra parecidas com elas:

**scribit** (escreve)    **spectat** (olha)    **laborant** (trabalham)

Marque um ponto para cada resposta correta.

■ Em cada uma das orações seguintes, uma palavra está sublinhada. Todas essas palavras vêm do latim. Trabalhando com um colega, escreva a palavra latina da qual cada palavra em português se origina. Você pode encontrar pistas examinando com atenção os quadrinhos de *Pandora está se adaptando*. Por exemplo:

O médico prescreveu um remédio.

Prescrever: do verbo latino *scribit* – o ato de receitar um medicamento.

1  Um ótimo momento para fazer seu dever de casa é logo após chegar da escola, antes que você fique muito cansado.

2  Enfermeiras tomam conta de inválidos.

3  Você pode minimizar o perigo de atravessar a rua obedecendo ao semáforo.

4  Que tipo de trabalho é um trabalho sedentário?

5  Este livro é uma introdução ao latim.

**Lembre se:** veja o final do verbo latino para saber quem está realizando a ação. O latim (como o português) não precisa das palavras *eu*, *você* ou *eles*. Por exemplo: **rideo = [eu] rio**.

Como você se saiu? Conseguiu adivinhar os significados? Latim é útil para aprender novas palavras em português.

 **PALAVRAS PARA LEMBRAR**

**coquo:** cozinho (estou cozinhando)
**facio:** faço (estou fazendo)
**intro:** entro (estou entrando)
**laboro:** trabalho (estou trabalhando)
**lego:** leio (estou lendo)
**rideo:** rio (estou rindo)
**scribo:** escrevo (estou escrevendo)

**sedeo:** estou sentado
**specto:** olho (estou olhando)
**semper:** sempre
**subito:** de repente
**ancilla:** jovem escrava
**novus/nova:** novo/nova
**nunc:** agora

# 4 Os melhores dias da sua vida

## Uma lição de redação

As crianças romanas normalmente começavam a ir para a escola aos sete anos. Crianças de famílias ricas frequentemente eram ensinadas em casa. Corinthus está ensinando Flavia e Iulius.

1. Flavia intrat. Iulius intrat.

2. Flavia et Iulius sedent.

3. Corinthus docet.

4. Iulius scribit. Flavia non scribit.

5. Corinthus non laetus est. Corinthus iratus est.

6. Flavia, cur non scribis?

   fatigata sum.

**PALAVRAS PARA AJUDAR**

**docet:** ensina (está ensinando)
**laetus:** feliz
**iratus:** bravo

**cur:** por quê?
**fatigata:** exausta

 **DESCUBRA A GRAMÁTICA**

**Lembre-se:** Palavras que indicam ações são chamadas **verbos**. Palavras que dão nome às coisas são chamadas **substantivos**. Palavras que descrevem substantivos são chamadas **adjetivos**.

1 Encontre os **verbos** nos quadrinhos. Você consegue lembrar o que significam? Preste atenção no final dos verbos para ver se a pessoa que está realizando a ação é "você", "ele\ela" ou "eles\elas".

2 Corinthus está bravo (**iratus**). Flavia está exausta (**fatigata**). Essas palavras são adjetivos, que nos dizem mais sobre os substantivos que descrevem. Lembre-se de que, em latim, adjetivos precisam concordar com os substantivos a que se ligam (Flavi**a**\fatigat**a**, Corinth**us**\irat**us**).

Aqui estão figuras de alguns membros da família com breves sentenças descrevendo cada um. Os adjetivos estão faltando – escolha um que sirva para cada sentença. Os adjetivos que você escolher devem ter o final correto, além de fazer sentido! O primeiro já está feito, para ajudar você.

a) Flavia não está fazendo sua lição e, por isso, Corinthus está (**iratus\irata\callidus**).

A resposta é **iratus** (bravo). Corinthus não pode estar **irata**, pois ele é homem.

b) Candidus vê Pandora e, por isso, está (**iratus\laetus\laeta**).

c) Rufus quer ir dormir porque está (**laeta\fessus\iratus**).

d) Todos gostam das refeições que Candidus prepara porque ele é um (**fessus\optimus\irata**) cozinheiro.

e) Lepidina está feliz por ter comprado Pandora, porque ela é uma (**fatigatus\optima\irata**) cabeleireira.

## NOTÍCIAS DE ROMA

Corinthus tenta tornar as lições mais interessantes para Flavia e Iulius ensinando-lhes um pouco de poesia latina. Eles estão estudando um longo poema do poeta Virgílio, que conta a história das origens de Roma. Antes de tudo, eles leem versos do poema em voz alta. Em seguida, Corinthus pede que copiem alguns versos. Para escrever, Flavia e Iulius riscam tabuinhas cobertas com cera, usando uma vareta especial chamada *stilus*. O *stilus* é afiado na ponta usada para escrever, mas achatado na outra, para que os alunos possam apagar os erros. Algumas vezes, eles usam uma caneta que mergulham em tinta. A foto acima mostra a escrita de Iulius. Corinthus não está muito satisfeito. Se você examinar com cuidado, verá a palavra **SEG**, que é abreviação de *segniter*. Isso significa "faltou capricho"!

É óbvio que Flavia ainda está exausta. Na fotografia à esquerda, você pode ver que ela borrou o seu trabalho e que ficou rabiscando. Ela desenhou um cavalo e uma carroça.

Um escritor romano podia praticar com um *stilus* e uma tabuinha de cera primeiro, para fazer um rascunho. Depois, ele copiava seu trabalho caprichosamente com uma caneta. Na Bretanha, as pessoas também escreviam sobre pedaços muito finos de madeira. Aqui estão algumas tabuinhas de escrever e canetas romanas.

## Rufus, não toque!

Rufus é ainda muito novo para ter aula, portanto está brincando fora da sala. Aqui está um tabuleiro de jogo com as peças:

Corinthus decide interromper a lição de redação e conta às crianças a história de alguém que adorava olhar para seu próprio reflexo.

### ECO E NARCISO

Certa vez, uma linda garota chamada Eco ofendeu a deusa Juno. Juno puniu Eco fazendo-a repetir o que as outras pessoas diziam – a moça não pôde mais dizer as palavras escolhidas por ela própria. Eco se apaixonou por Narciso. Ele era muito bonito, mas vaidoso e cruel. Eco o seguia em todos os lugares, repetindo suas palavras, mas ele nem olhava para ela. Por causa da tristeza, ela foi sumindo até restar apenas sua voz.

Narciso deixou muitas outras almas apaixonadas infelizes e, por isso, os deuses decidiram puni-lo também. Um dia, Narciso viu seu próprio reflexo na água e, imediatamente, se apaixonou. Ele percebeu que jamais amaria alguém tão intensamente e lá ficou, olhando para a água até morrer de fome. No lugar onde ele se foi, os deuses fizeram crescer uma linda flor – o narciso. Você pode encontrar essa flor junto a um lago ou uma fonte, inclinando-se para sempre em direção a seu próprio reflexo na água.

**RAÍZES LATINAS**

■ Você consegue se lembrar de palavras em português que se originem de **iratus**?

Use seu dicionário se precisar de ajuda.

Até agora, você aprendeu seis finais diferentes para os verbos latinos. Os finais mudam para mostrar quem está realizando a ação, como no português. É assim que nós os conjugamos:

**laboro** trabalho
**laboras** você trabalha
**laborat** ele trabalha
**laboramus** trabalhamos
**laboratis** vocês trabalham
**laborant** eles trabalham

 **PALAVRAS PARA LEMBRAR**

**dormio:** durmo (estou dormindo)
**lacrimo:** choro (estou chorando)
**laboro:** trabalho (estou trabalhando)
**scribo:** escrevo (estou escrevendo)
**lego:** leio (estou lendo)
**sedeo:** estou sentado
**rideo:** rio (estou rindo)
**cur?:** por quê?

# 5 Romanos e bretões

## Os bretões são os melhores!

Rufus, Flavia e Candidus estão batendo uma bola. Eles sentam para descansar e começam a conversar...

1. Rufus et Flavia et Candidus ludunt.
2. Rufus et Flavia et Candidus sedent.
3. Flavia pergunta a Candidus como era a vida antes de ele se tornar escravo. Antes de os romanos conquistarem a Bretanha, os povos britânicos viviam em grupos chamados tribos. Candidus pertencia à tribo chamada **Brigantes**. Candidus imagina como seu povo costumava viver....
4. celeriter equitamus...
5. ferociter pugnamus...
6. diligenter colimus...

Quem está realizando a ação quando o verbo termina em **-mus**?

 **PALAVRAS PARA AJUDAR**

**celeriter:** rapidamente
**equito:** cavalgo (estou cavalgando)
**ferociter:** bravamente

**pugno:** luto (estou lutando)
**diligenter:** cuidadosamente
**colo:** cultivo (estou cultivando)

 **DESCUBRA A GRAMÁTICA**

No capítulo 2, aprendemos que podemos tornar os substantivos mais interessantes acrescentando a eles palavras que os descrevem, os **adjetivos**. Neste capítulo, vamos ver como tornar **verbos** (palavras de ação) mais interessantes, utilizando palavras que nos contam **como a ação é realizada**. Nós chamamos essas palavras de **advérbios** (porque eles se ligam ao verbo).

Candidus disse: "Nós cavalgamos *rapidamente*". *Rapidamente* é um **advérbio**.

1 Utilize um advérbio para responder às perguntas abaixo, primeiro em português e depois em latim:

   a) Como Candidus descreve a forma como os bretões lutam?
   b) Como ele descreve a forma como cultivam a terra?

Quem tem boa memória?

No capítulo 4, Corinthus não estava satisfeito com a forma com que Iulius havia copiado um texto latino. Corinthus usou um advérbio para descrever a forma como Iulius trabalhou. Você consegue se lembrar desse advérbio, em latim? (Veja na página 27 se você tiver dificuldades!)

2 Veja os advérbios em português. Quais as letras finais que você vê se repetirem muitas vezes?

3 Veja os advérbios em latim. Quais as três letras finais que você vê nessas palavras?

**NOTÍCIAS DE ROMA**

Os Bretões

Candidus sente orgulho pela forma com que sua tribo cavalgava, lutava e cultivava a terra. Quando os romanos chegaram à Bretanha, ficaram surpresos com a velocidade e habilidade com que os povos bretões dirigiam suas bigas. Júlio César, o primeiro comandante romano a chegar à Bretanha (em 55 a.C.), descreveu os guerreiros bretões assim:

> Eles começam dirigindo por todo o campo, arremessando lanças. Os cavalos e o barulho das rodas aterrorizam os soldados inimigos. Eles treinam e praticam todos os dias e, com isso, tornam-se tão hábeis que conseguem controlar os cavalos a galope e pará-los em um instante, mesmo em encostas íngremes. Eles correm sobre a viga, ficam de pé sobre o jugo e voltam para a biga, tudo na rapidez de um relâmpago.

O que os romanos pensam dos bretões e seu país?

Apesar de algumas tribos britânicas terem lutado bravamente contra o exército romano, os romanos acabaram vencendo e assumindo o controle da Inglaterra. Isso aconteceu porque os soldados romanos eram profissionais e bem organizados.

Uma das tabuinhas encontradas em Vindolanda mostra que alguns romanos se achavam melhores que os bretões: "Os bretões não usam armaduras para se proteger. Há muita cavalaria. A cavalaria não usa espadas, e os tolos dos bretõezinhos não cavalgam para arremessar lanças."

Eles não gostavam muito de nós. Chamavam-nos **Brittunculi**, que significa "tolos bretõezinhos".

Da mesma forma, alguns romanos claramente não se impressionavam com aquilo que ouviram dizer sobre a Bretanha. O escritor Cícero, por exemplo, disse: "Não resta muito para pilhagem além de escravos, dentre os quais não se pode esperar nenhum com grandes habilidades em literatura ou música". Entretanto, outro escritor, Estrabão, achou que havia algo que os romanos poderiam trazer da Bretanha: "Grãos, gado, ouro, prata e ferro são encontrados na ilha. São exportados juntamente com peles de animais, escravos e cães de caça."

 **RAÍZES LATINAS**

As palavras sublinhadas originam-se de palavras latinas da história em quadrinhos *Os bretões são os melhores!* Encontre a palavra latina correspondente a cada uma para ajudar você a entender o significado.

1. Seu professor ficaria contente ou chateado com um aluno <u>diligente</u>?

2. Qual palavra em português vem de <u>ferociter</u>?

3. Um cão poderia ser descrito pelo adjetivo <u>pugnaz</u>. O que isso significa?

4. O que é uma pessoa <u>célere</u>? Qual palavra latina na história em quadrinhos tem parte dessa palavra e significa alguma coisa relacionada à velocidade?

## Os romanos são os melhores!

Flavia está tentando provar a Candidus que a vida é melhor agora que os romanos governam a Bretanha.

 **PALAVRAS PARA AJUDAR**

**tesserae:** mosaicos   **directae:** retas   **nobiscum:** conosco
**ita vero:** sim   **commodae:** confortáveis

Candidus está feliz em Vindolanda?
Antes da chegada dos romanos, a família de Candidus cultivava sua própria terra. Seu pai era corajoso e forte e podia lutar sobre uma biga. Por outro lado, Candidus e sua família viviam em uma choupana escura e esfumaçada. As tribos britânicas frequentemente lutavam entre si e, quando Candidus era criança, sua vila foi destruída por guerreiros de uma tribo inimiga. Candidus foi feito prisioneiro e maltratado por aqueles que o capturaram. Ficou feliz quando foi vendido a uma família romana, que o tratava bem.

> Você acha que a vida de Candidus melhorou agora que ele trabalha para uma família romana? Ele concorda com o que Flavia e Rufus estão dizendo? Explique por que você acha que é uma vida melhor – ou não.

Rufus quer uma história. Corinthus se oferece para contar-lhe outro mito grego, mas Candidus o interrompe: "Não, é minha vez de contar uma história a Rufus. Nós também temos nossas próprias grandes histórias."

### HISTÓRIA DE UM VIAJANTE

Escutei esta história quando criança, junto à lareira em nossa choupana esfumaçada. Ela foi contada por um velho viajante do Ocidente. Como vocês sabem, a Bretanha é uma grande ilha. Os mares à sua volta estão repletos de pequenas ilhas, algumas habitadas por pessoas, outras apenas por fantasmas. Os fantasmas romanos pertencem ao mundo subterrâneo, mas os espíritos dos heróis bretões assombram as ilhas sagradas. O viajante nos contou sobre uma experiência terrível que viveu quando era um jovem pescador. Ele estava remando seu barco em águas costeiras cheias de pedras, quando uma tempestade súbita desabou de um céu sem nuvens. Sem qualquer alerta, o céu escureceu e trovões ecoaram. Ventos violentos sopraram sobre o mar, jogando o leve barco sobre as grandes ondas e arremessando-o para a terra em uma praia estranha. Relâmpagos mostraram ao pescador que ele estava na ilha. Uma única figura, em um manto comprido, estava de pé na praia. Era um druida, um sacerdote celta. O viajante caiu de joelhos com medo; achou que estava invadindo uma ilha sagrada.

"Em algum lugar, um grande homem morreu", disse o druida. "A tempestade que você atravessou era seu espírito passando. Corra agora; você está em perigo mortal, pois o espírito dele voa para seu local sagrado em tempestade e fúria".

O pescador se arrastou para seu barco e remou desesperadamente, em um mar subitamente calmo. Quando alcançou a terra, ele descobriu que o medo foi tal que seus cabelos se tornaram brancos como ossos, de tanto medo.

**Lembre se: advérbios** modificam palavras de ação (**verbos**).

 **PALAVRAS PARA LEMBRAR**

**Verbos**
**ludo:** brinco (estou brincando)
**equito:** cavalgo (estou cavalgando)
**pugno:** luto (estou lutando)

**Substantivos**
**viae:** ruas, estradas
**villae:** casas

**Advérbios**
**celeriter:** rapidamente
**ferociter:** bravamente
**diligenter:** cuidadosamente

**Frases**
**ita vero:** sim
**nobiscum:** conosco

# 6 Para a cidade

## Vamos às compras!

Flavius e sua família estão planejando viajar para a grande cidade de Eboracum. Hoje, essa cidade se chama York. Você pode encontrá-la no mapa da Bretanha romana na página 5. Flavius e Lepidina já estiveram em Eboracum antes, quando chegaram à Bretanha, após deixarem a Holanda, porém será a primeira visita das crianças.

**1** vado Eboracum. ibi arma splendida sunt.

**2** vado Eboracum. ibi tunicae pulchrae sunt.

**3** vado Eboracum. ibi ludi optimi sunt.

**4** vado Eboracum. ibi pilulae variae sunt.

### PALAVRAS PARA AJUDAR

**vado:** vou (estou indo)
**Eboracum:** para York
**ibi:** lá
**arma:** armas
**ludi:** jogos
**pilulae:** contas (de colar), miçangas
**variae:** coloridas

## NOTÍCIAS DE ROMA

### Viagem

Se você quiser viajar de Vindolanda a York nos dias de hoje, você pode ir de carro ou trem, e a viagem leva cerca de duas horas. Nos tempos dos romanos, entretanto, era uma viagem muito mais longa e podia ser perigosa. Flavius e sua família precisavam ter uma guarda armada para protegê-los contra os bandidos.

A distância entre Vindolanda e York é de 193 km (120 milhas). A família vai viajar em uma carroça coberta, e vai conseguir percorrer apenas cerca de 6 km (4 milhas) em uma hora. Quanto tempo vai levar a viagem deles?

A família não vai conseguir viajar para tão longe em um único dia e, por isso, eles irão parar e descansar em uma **mansio** (hospedaria) no caminho para York e, novamente, na viagem de volta para casa. As hospedarias ficam em *Cataractonium* (hoje chamada Catterick) e *Vinovia* (Binchester). A viagem toda provavelmente duraria uma semana.

## Vamos todos!

Candidus e Corinthus vão com a família, mas Pandora vai ficar em casa para tomar conta de Rufus. Corinthus quer escolher algumas novas canetas e tabuinhas de cera, e Candidus precisa de caldo de peixe e alguns novos utensílios para cozinhar. Ele também espera encontrar um velho amigo que mora em *Eboracum*.

**1** vado Eboracum. ibi stili et cerae optimi sunt!

**2** Barates Eboraci habitat. Barates amicus est.

**3** Rufus lacrimat.

AAAAAAAA!!!

**4** noli lacrimare! veni Eboracum!

Rufus ridet.

**5** Pandora, veni Eboracum!

ita vero!

**6** Corinthus et Candidus rident.

### PALAVRAS PARA AJUDAR

**stili:** canetas
**cerae:** tabuinhas de cera
**habitat:** mora (está morando)
**Eboracum:** para Eboracum
**Eboraci:** em Eboracum
**amicus:** amigo

### DESCUBRA A GRAMÁTICA

> Agora que a família está fora, está na hora de eu checar como você está indo no latim. Aqui estão algumas perguntas. Escolha a resposta correta – só há uma resposta correta para cada questão.

1. Uma *palavra que indica ação* é chamada substantivo/verbo/adjetivo.

2. O *nome* de uma pessoa, um lugar ou um objeto é um substantivo/advérbio/adjetivo.

3. Uma *palavra que descreve* uma pessoa ou um objeto é chamada substantivo/verbo/adjetivo.

4. Em latim, a *pessoa que realiza a ação do verbo* é indicada no começo/fim do verbo.

> Aqui temos mais alguns exercícios sobre substantivos e adjetivos:

1. O que estas frases significam em português?

   a) stilus optimus est.
   b) stili optimi sunt.
   c) tunica pulchra est.
   d) gladii acuti sunt.
   e) cera fracta est.
   f) pilulae pulchrae sunt.
   g) Vibrissa obesa est.
   h) Pandora pulchra est.
   i) Corinthus callidus est.
   j) Candidus durus est.

### PALAVRAS PARA AJUDAR

**stilus:** caneta
**gladius:** espada
**acutus/acuta:** afiado/afiada
**cera:** tabuinha de cera
**fractus/fracta:** quebrado/quebrada
**obesus/obesa:** gordo/gorda
**durus/dura:** forte

> A família não fazia essa viagem até *Eboracum* com muita frequência. Imagine como estão se sentindo. Como você se sente quando visita uma grande cidade? Descreva como você acha que cada pessoa da família está se sentindo.

## Um dia em Eboracum

Quando a família chega a *Eboracum*, as crianças ficam muito animadas, pois é uma cidade muito grande. É barulhenta e cheia de gente. Em todos os lugares, donos de lojas e mercadores estão vendendo coisas bonitas de diferentes partes do Império Romano. A família toda se diverte fazendo compras.

Aqui estão eles com as coisas que compraram – mas as compras estão bagunçadas... Você consegue reorganizá-las?

| **pilulae** contas de vidro | **stili et cerae** canetas e tabuinhas de cera | **ludus** tábua de jogos | **capillamentum** peruca |
|---|---|---|---|
| **ampulla** frasco de perfume | **animalia aenea** animais de bronze | **gladius** espada | **mortarium** pote de cozinha |

(Todos os itens que aparecem acima estão no *Gardens Museum*, na cidade de York.)

Por exemplo: *Flavius compra uma espada* (**gladius**).

### RAÍZES LATINAS

As palavras sublinhadas originam-se de palavras latinas que apareceram neste capítulo. Encontre a palavra latina correta para cada uma, e descubra o seu significado:

1 O que é o hábitat de um animal?

2 Se você estiver sofrendo de uma dor de barriga aguda, ela é grave?

3 Como é alguém que sofre de obesidade?

4 Se seu braço estiver fraturado, o que tem de errado com ele?

## NOTÍCIAS DE ROMA

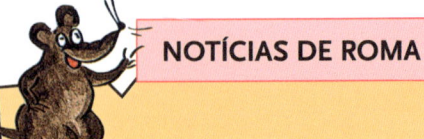

### Candidus encontra seu amigo

Em *Eboracum*, Candidus está muito contente por encontrar seu velho amigo Barates. Barates é um mercador e vende belas joias e tecidos finos em sua tenda. Ele também faz bandeiras para o exército romano. Ele e Candidus têm uma longa conversa. Barates conta que deixou sua casa na Síria e acompanhou o exército romano até a Bretanha. Ele morou em Londres, onde encontrou uma escrava, Regina, a quem amava e com quem queria se casar. Ele comprou a liberdade de Regina para que pudesse se casar com ela. Em seguida, eles se mudaram para o norte e agora estão vivendo em *Eboracum*.

### O Império Romano

**Eboracum** é a cidade grande mais próxima a Vindolanda.

**Germânia Inferior** é de onde vêm Flavius e sua família.

**Vindolanda** o local de onde eu e Vibrissa viemos.

**Palmira**, na **Síria**, é de onde vem Barates.

**Verulamium** (St. Albans) é o local de onde vem Regina.

**Grécia** é o local de onde vem Corinthus.

Após um longo dia em *Eboracum*, Rufus está muito cansado e mal humorado. Corinthus conta uma história para ele:

### ACTEÃO E DIANA

Um dia, Acteão estava caçando veados com seus cães. Sem querer, ele passou pela gruta secreta da deusa Diana e a viu no banho. Diana não conseguia alcançar seu arco e flecha para atirar em Acteão e então, furiosa, a deusa jogou água no rosto dele. Imediatamente, saíram chifres da testa de Acteão. Suas orelhas ficaram peludas e pontudas, seu pescoço esticou, seus braços ficaram mais compridos e finos e suas mãos endureceram e viraram cascos. Em pouco tempo, seu corpo inteiro ficou coberto de grossos pelos marrons. Quando viu seu reflexo na lagoa, percebeu que tinha sido transformado em um veado.

Aterrorizado, Acteão fugiu para a floresta, correndo entre arbustos e pulando sobre troncos caídos. Então, ele ouviu um som familiar de cães de caça em seu rastro: os seus próprios cães não conseguiram reconhecer o dono, enxergando apenas um veado que fugia. Os animais, bem treinados, perseguiram Acteão e o estraçalharam. Foi assim que Diana puniu aquele pobre homem.

> Lembre-se do que você aprendeu sobre **substantivos** e **adjetivos** em latim. O adjetivo deve sempre concordar com o substantivo.

### PALAVRAS PARA LEMBRAR

**arma:** armas
**ludus:** jogo
**stilus:** caneta
**cera:** tabuinha de cera
**gladius:** espada
**callidus/callida:** inteligente
**habitat:** mora (está morando)
**ita vero:** sim

# 7 A máquina militar

## Cuidado, Rufus!

Iulius e Rufus saíram para ver os soldados treinando com suas armas. Iulius quer fazer parte do exército romano assim que fizer 18 anos. Ele e Rufus voltam para casa, onde Iulius faz perguntas para Flavius sobre suas armas.

**1** quid est? — galea est. Rufe, noli tangere!

**2** quid est? — gladius est. Rufe, noli tangere!

**3** quid est? — pilum est. Rufe, noli tangere!

**4** quid est? — scutum est. Rufe, cave! scutum maximum est.

**5** quid est? — lorica est. Rufe, siste! lorica maxima est.

**6** quid est? — pugio est. Rufe, relinque! periculosus est!

**7** ecce! — Flavius e Rufus saem mais uma vez para ver os soldados treinando.

**8** nunc Rufus laetus est! — Candidus fez uma espada de madeira para Rufus.

### PALAVRAS PARA AJUDAR

**quid est?:** O que é isso?
**galea:** capacete (de guerra), elmo
**gladius:** espada
**pilum:** dardo
**scutum:** escudo
**cave!:** cuidado!
**lorica:** couraça
**siste!:** pare!
**pugio:** adaga
**relinque!:** solte!
**periculosus:** perigoso
**ecce!:** olha!

### DESCUBRA A GRAMÁTICA

Agora vamos estudar um tipo diferente de verbo. Lembre-se de que os verbos são palavras que indicam ação. Na história em quadrinhos, Flavius **pede para Rufus fazer** algumas coisas. Ele também **pede para** Rufus **não fazer** outras coisas. Por exemplo, ele diz **cave!**, que significa "cuidado", **siste!** (pare!) e **relinque!** (solte!). Verbos assim são comandos ou ordens, e estão no imperativo.

> Já conhecemos alguns verbos assim. Você consegue se lembrar deles? Olhe para as dicas entre parênteses: os comandos são fáceis de reconhecer porque são seguidos por um ponto de exclamação!

**veni!** (Claudia escreveu isto para Lepidina.)

**surge!** (Lepidina falou isto para Vibrissa quando ela queria que a gata perseguisse o Minimus.)

**redi!** (Toda a família gritou isto para Rufus quando ele derrubou o pavão no jantar.)

Se você quer dar um comando para **mais de uma pessoa** em latim, adicione **-te** ao final do comando. Isso é chamado de **forma plural**.

veni! = vem! venha!

venite! (veni + te) = venham!

*Simo dicit* (Macaco mandou)
Este jogo irá ajudar você a lembrar as palavras de comando. Seu professor dará algumas ordens. Se ele disser **Simo dicit**, seguido de uma ordem, você deve fazer o que ele diz. Se ele não disser **Simo dicit**, não faça nada! Preste atenção: ele tentará te enganar! Seu professor vai usar as formas plurais dos comandos latinos quando falar com a sala toda.

## Faça como mandam!

Flavius e Iulius estão vendo o centurião. Ele está no comando dos soldados e lhes dá ordens.

**1** milites, audite!
milites audiunt.

**2** pila sumite!
milites pila sumunt.

**3** pila portate!
milites pila portant.

**4** milites, procedite!
milites procedunt.

**5** pila demittite! testudinem facite!
milites testudinem faciunt.

## PALAVRAS PARA AJUDAR

**milites:** soldados
**audite!:** escutem!
**sumite!:** peguem!
**portate!:** carreguem!

**procedite!:** avancem!
**demittite!:** abaixem!
**testudinem facite!:** façam uma tartaruga!

*O que é uma "tartaruga"?*

*Os soldados se agrupam bem próximos uns dos outros e colocam seus escudos sobre as suas cabeças. Parece uma tartaruga!*

## NOTÍCIAS DE ROMA

### O Centurião

O centurião é diferente dos outros soldados. Ele usa um capacete especial e carrega um bastão. Ele usa medalhas em seu peito e grevas brilhantes (parecidas com caneleiras) para proteger suas pernas. Se os soldados não obedecem a suas ordens, ele usa o bastão para puni-los.
Quando estão treinando, os soldados usam armas feitas de madeira que não são afiadas.

**RAÍZES LATINAS**

Reveja as ordens do centurião para ajudar você com o significado das palavras sublinhadas.

1 Se você está em treinamento <u>militar</u>, você é o quê?

2 O que você faz em um <u>auditório</u>?

3 Um <u>portador</u> faz o quê?

> Se você lembrar as palavras em latim, você vai conseguir escrever melhor em português!

## NOTÍCIAS DE ROMA

### De folga

Por hoje os soldados terminaram de treinar e têm um tempo livre para descansar. Alguns deles jogam um jogo de tabuleiro e apostam seus salários. Iulius percebe que um dos soldados parece estar sempre ganhando.

Os soldados bebem uma cerveja que foi feita perto de Vindolanda. Quando a cerveja acaba, um deles escreve um bilhete para Flavius, pedindo que encomende mais.

"Meus camaradas e eu não temos mais cerveja. Eu peço que você encomende mais um pouco para nos enviar."

Iulius está muito impressionado com o que viu. Mais tarde naquele dia ele fala com Corinthus e conta sobre a coragem e habilidade dos soldados. Corinthus concorda que os soldados romanos são fortes e corajosos, mas também lembra Iulius de que é necessário ser inteligente para ganhar uma guerra. Ele então conta a história de como o famoso guerreiro grego Odisseu pensou com astúcia para passar pelas muralhas de Troia.

### O ASTUCIOSO PLANO DE ODISSEU

Os gregos lutaram arduamente e por muito tempo contra os troianos. Mesmo assim, depois de dez anos ainda não tinham conseguido atravessar as muralhas de Troia para destruir a cidade. Então, Odisseu, um soldado grego famoso por sua inteligência, pensou em um plano astucioso. Os gregos construíram um enorme cavalo de madeira, que era oco por dentro, e lá esconderam seus melhores soldados. Eles deixaram o cavalo do lado de fora dos portões de Troia. Os gregos então enganaram os troianos, fazendo-os acreditar que estavam navegando de volta para a Grécia, sua terra natal, após deixarem o campo de batalha. Na verdade, os soldados gregos estavam escondidos em uma ilha próxima. À noite, os troianos trouxeram o cavalo de madeira para dentro de sua cidade, acreditando ser um presente para a deusa Minerva.

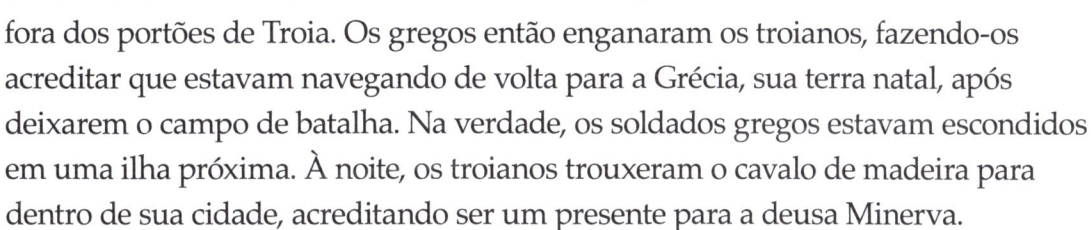

Na calada da noite, os gregos abriram uma portinhola e saíram do cavalo. Eles abriram a porta da cidade para seus companheiros gregos, que rapidamente atacaram os troianos que dormiam, matando muitos deles e destruindo a cidade.

**Lembre-se:** em latim os comandos terminam em uma vogal e são seguidos por um ponto de exclamação. Quando o comando é dado a mais de uma pessoa, ele termina com *-te*.

### PALAVRAS PARA LEMBRAR

**Armas**
**galea:** capacete
**gladius:** espada
**pilum:** dardo
**scutum:** escudo
**pugio:** adaga
**lorica:** couraça

**Comandos**
**audite!:** escutem!
**redite!:** voltem!
**siste!:** pare!
**procedite!:** avancem!

# 8 Limpas e saudáveis

## Hora do banho!

Pela manhã, Lepidina e Flavia geralmente visitam a casa de banho do acampamento. Lá elas encontram suas amigas. Elas começam fazendo alguns exercícios.

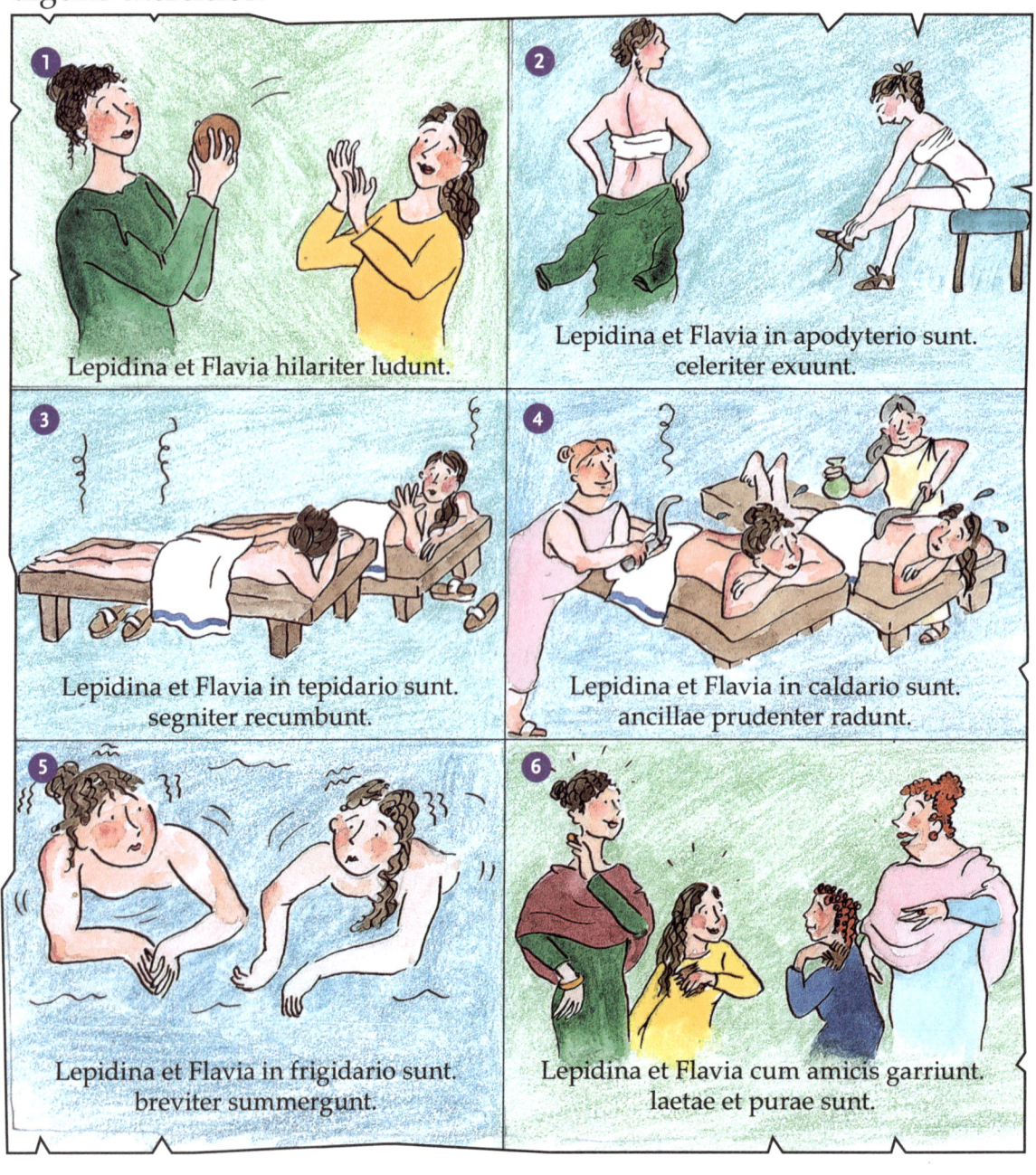

**1.** Lepidina et Flavia hilariter ludunt.

**2.** Lepidina et Flavia in apodyterio sunt. celeriter exuunt.

**3.** Lepidina et Flavia in tepidario sunt. segniter recumbunt.

**4.** Lepidina et Flavia in caldario sunt. ancillae prudenter radunt.

**5.** Lepidina et Flavia in frigidario sunt. breviter summergunt.

**6.** Lepidina et Flavia cum amicis garriunt. laetae et purae sunt.

### PALAVRAS PARA AJUDAR

**hilariter:** alegremente
**ludunt:** brincam (estão brincando)
**in apodyterio:** no vestiário
**exuunt:** despem-se (estão se despindo)
**in tepidario:** na sala de banhos mornos
**segniter:** preguiçosamente
**recumbunt:** deitam-se (estão deitadas)
**in caldario:** na sala de banhos quentes
**ancillae:** escravas

**prudenter:** habilmente
**radunt:** raspam a pele (estão raspando a pele)
**in frigidario:** na sala de banhos frios
**breviter:** brevemente
**summergunt:** mergulham na água (estão mergulhando na água)
**cum amicis:** com as amigas
**garriunt:** conversam (estão conversando)
**laetae:** felizes
**purae:** limpas

### DESCUBRA A GRAMÁTICA

Lembre-se de que as palavras de ação chamam-se **verbos**, e as palavras que nos dizem como as ações dos verbos são realizadas chamam-se **advérbios**. Em latim, os advérbios que você viu terminam em **-ter**.

1  Aqui estão cinco frases nas quais pessoas estão fazendo alguma coisa. Copie as frases e torne-as mais interessantes preenchendo a lacuna com um advérbio. Escolha-os na lista abaixo. Você poderá usar só uma vez cada um deles. Depois escreva a frase inteira em português.

   **a)** Vibrissa et Minimus _____ currunt.

   **b)** Lepidina et Flavia _____ ambulant.

   **c)** Pandora et Corinthus _____ laborant.

   **d)** Romani et Britanni _____ pugnant.

   **e)** Lepidina et Flavia _____ summergunt.

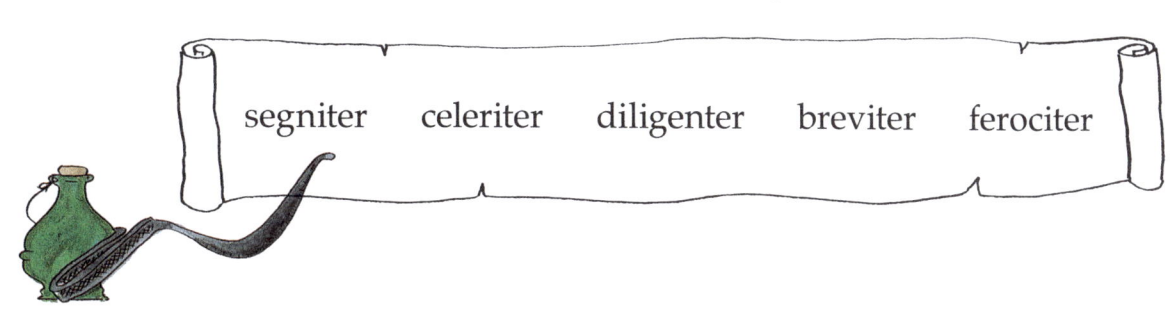

   segniter   celeriter   diligenter   breviter   ferociter

**NOTÍCIAS DE ROMA**

Os banhos públicos

No tempo dos romanos, somente as pessoas ricas tinham água encanada em suas casas. Na maioria das famílias, a água tinha que ser coletada de cisternas ou fontes próximas, portanto muitas pessoas só se lavavam rapidamente de manhã. Eles podiam aproveitar um bom e demorado banho quando visitassem os banhos públicos mais tarde.

Uma visita aos banhos poderia começar com leves exercícios, para suar um pouco. Os banhistas então tiravam suas roupas e as deixavam no vestiário (**apodyterium**). Em seguida eles entravam na sala de banhos mornos (**tepidarium**), onde se deitavam em bancos. Depois de relaxar e conversar um pouco, dirigiam-se à sala de banhos quentes (**caldarium**). Deitavam-se novamente enquanto seus escravos, que os acompanhavam até os banhos, passavam-lhes óleo no corpo. O óleo era depois raspado com uma espátula de metal chamada **strigil**. Qualquer sujeira na pele sairia junto com o óleo. A visita terminava com um banho de imersão frio na sala de banhos frios (**frigidarium**).

A casa de banhos em Vindolanda foi construída para os soldados, mas outras pessoas que moravam perto do acampamento poderiam usá-la também. Normalmente, homens e mulheres banhavam-se separadamente – ou em casas de banhos diferentes (como em Pompeia), ou em horas diferentes do dia.

Que sala é qual? Elas estão todas embaralhadas aqui! Você pode combinar cada nome latino com seu significado em português?

1. tepidarium
2. frigidarium
3. apodyterium
4. caldarium

a. sala de banhos frios
b. vestiário
c. sala de banhos quentes
d. sala de banhos mornos

- Que objeto frio lembra a palavra <u>frigidarium</u>?

- A que temperatura está a água <u>tépida</u>?

## MINIMUS VISITA OS BANHOS

Eu segui Flavia e Lepidina aos banhos esta manhã e entrei sorrateiramente em todas as salas com elas. Deixe-me mostrar tudo a você!

Você pode se exercitar ou encontrar seus amigos aqui.

A caldeira é aqui. Ela é alimentada o dia inteiro, mandando ar quente que passa sob os pisos.

Aqui é onde você começa a se aquecer.

Aqui é o banho frio!

Está muito quente aqui! Nesta sala passam óleo em sua pele e raspam-na para limpá-la.

Aqui é onde você tira suas roupas e põe sandálias de madeira – os pisos ficam muito quentes!

Este é o banheiro. Ele possui água corrente. Os romanos têm uma higiene excelente!

# Uma visita ao médico

Quando Lepidina e Flavia chegam em casa, elas encontram Flavius muito indisposto. Ele está com os olhos irritados e vermelhos. Lepidina o leva ao médico.

**1** salve! salvete!

**2** venite! considite!

Flavius explica que seus olhos estão inflamados. O médico quer examiná-los.

**3** discumbe! oculos aperi!

**4** O médico examina os olhos de Flavius. Ele tem uma infecção e precisará de uma pomada e alguns comprimidos.

**5** impone ter per diem!

**6** consume bis per diem! gratias agimus.

**PALAVRAS PARA AJUDAR**

**discumbe!:** deite-se!
**oculos aperi!:** abra os olhos!
**impone!:** passe!
**ter per diem:** três vezes por dia
**consume!:** tome!
**bis per diem:** duas vezes por dia
**gratias agimus:** agradecemos

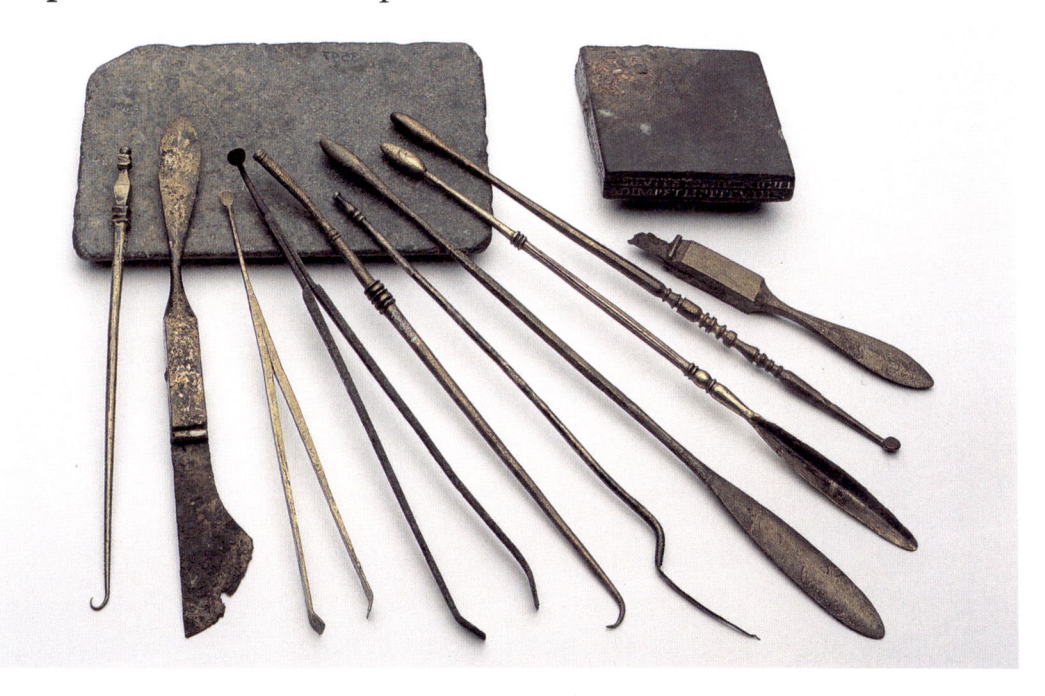

O médico em Vindolanda deve ter usado alguns instrumentos como esses. As espátulas e os instrumentos para misturar foram usados para preparar remédios para os olhos, como a pomada de Flavius. Os bisturis eram usados em cirurgias. O médico pode ter usado os ganchos cirúrgicos para tirar amígdalas!

> Se consultamos um médico, ele ou ela nos diz o que fazer para ficarmos melhor. O médico de Vindolanda fez o mesmo com Flavius. Você pode encontrar todas as palavras ditas pelo médico que são ordens? Copie-as em latim e depois escreva o que elas significam em português.
>
> Por que algumas dessas ordens terminam em *-te*?

Flavius está com problemas para enxergar por causa dos seus olhos inflamados. Rufus e as outras crianças observam atentamente os olhos de Flavius e ficam felizes quando a pomada começa a fazer efeito. Enquanto isso, Candidus conta uma história sobre um gigante com apenas um olho: o Ciclope.

### ODISSEU E O CICLOPE

Em seu caminho para casa vindo de Troia, Odisseu e seus companheiros gregos passaram por muitas aventuras. Uma das mais emocionantes foi um encontro com um terrível gigante chamado Ciclope, que tinha um olho enorme no meio de sua testa.

Em suas andanças, os gregos encontram por acaso a caverna do Ciclope, cheia de ovelhas gordas e cestos de queijo. Eles queriam correr de volta para seus navios, mas Odisseu estava curioso e queria encontrar quem quer que morasse na caverna. Ele tinha trazido vinho para trocar por comida. Quando o monstro chegou, os gregos ficaram aterrorizados e desejaram não ter esperado! O Ciclope comeu três dos homens e, em seguida, fechou a entrada da caverna com uma enorme pedra redonda. Eles estavam aprisionados! Então o astuto Odisseu deu seu forte vinho ao Ciclope, o que o deixou bêbado. O Ciclope desabou no chão, roncando. Odisseu pegou uma longa vareta, afiou sua ponta e a aqueceu no fogo, antes de espetá-la bem fundo no único olho do Ciclope.

Embora estivesse cego agora, o monstro estava determinado a não deixar os homens escaparem. Ele sentava na entrada da caverna e tateava as costas das ovelhas ao saírem para pastar. Então Odisseu amarrou seus homens por debaixo das ovelhas, e ele mesmo agarrou-se fortemente debaixo do maior carneiro. Odisseu e seus homens deixaram a caverna a salvo e navegaram para longe.

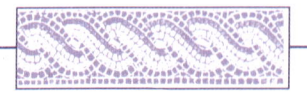

---

**Advérbios** descrevem verbos. Eles terminam em **-ter**. As ordens são verbos e são seguidas por um ponto de exclamação (!).

### PALAVRAS PARA LEMBRAR

**apodyterium:** vestiário
**tepidarium:** sala de banhos mornos
**caldarium:** sala de banhos quentes
**frigidarium:** sala de banhos frios
**breviter:** brevemente
**hilariter:** alegremente
**segniter:** preguiçosamente
**prudenter:** habilmente

# 9 Vida de soldado

## Quem é quem?

Iulius tem perguntado a seu pai mais sobre o exército romano. Alguns soldados vestem uniformes especiais e ele gostaria de saber o porquê.

**1** quis est? — signifer est.
**2** quis est? — vexillifer est.
**3** quis est? — cornicen est.
**4** quis est? — centurio est.

### PALAVRAS PARA AJUDAR

**signifer:** guardião da insígnia
**vexillifer:** guardião da bandeira
**cornicen:** tocador de corneta
**centurio:** centurião

## NOTÍCIAS DE ROMA

### Quem faz o quê?

O **signifer** carrega a insígnia (uma placa ou emblema) identificando sua legião. A insígnia é carregada até a batalha à frente dos soldados. O **signifer** é também encarregado da proteção dos homens. O **vexillifer** carrega uma bandeira feita de um tecido brilhante e colorido. Talvez sua bandeira tenha sido feita por Barates (que conhecemos no capítulo 6). As cornetas desempenham um importante papel na rotina do forte, sinalizando quando as obrigações começam e terminam, bem como soando alarmes. O **centurio** (o qual conhecemos no capítulo 7) comanda uma tropa de 80 homens.

### Quão cedo eu posso ingressar?

Para um menino de treze anos de idade, a vida de um soldado parece muito divertida. Iulius deseja ingressar, assim que possível, no exército. Ele quer viajar e conhecer o mundo e acredita que será uma grande honra pertencer ao exército romano. Flavius conta-lhe que é muito incomum para um jovem ingressar antes dos dezoito.

> Quantos anos Iulius terá de esperar antes de poder ingressar no exército?

Flavius diz também a Iulius que ele deverá fazer um *check-up* médico primeiro, para ter certeza de que está em forma. Ele pode esperar ficar no exército por pelo menos vinte anos. Ele será pago, mas terá de comprar sua comida e alguns de seus equipamentos com seu salário. Terá também de prometer ser leal ao imperador romano. Poderá ser enviado a qualquer lugar dentro do Império e ficar longe de sua região natal por um longo tempo. Quando ele marchar, vestirá sua pesada armadura, carregará sua própria comida, panelas e um machado para cortar madeira.

No final de cada dia de marcha, ele terá de ajudar a montar o acampamento. Deverá obedecer sempre às ordens do centurião e será severamente punido se for preguiçoso ou se não fizer o que lhe for pedido.

> Então é por isso que o centurião sempre carrega um bastão!

Imagine que você fosse Iulius. Agora que você ouviu Flavius, você está ansioso para ingressar no exército romano? O que você mais gostaria de fazer estando no exército? Quais podem ser os problemas?

Converse sobre o tema com um colega e escreva duas listas, mostrando os pontos bons e os pontos ruins sobre a vida de um soldado romano. Veja se consegue encontrar mais informações em livros ou outros recursos.

**NOTÍCIAS DE ROMA**

*Mais meias, por favor!*

A maioria dos soldados em Vindolanda vieram dos Países Baixos, mas alguns vieram de locais ainda mais distantes, de regiões quentes. Eles acharam o clima de inverno, em Vindolanda, muito frio. Um soldado escreveu para casa pedindo mais roupas. Aqui está a resposta que recebeu de sua mãe:

> Enviei para você alguns pares de meias, dois pares de sandálias e dois pares de ceroulas.

*A ballista*

Iulius e Flavius andam pelo campo e veem alguns soldados praticando com a **ballista**, uma grande catapulta que atira bolas de pedra. Os soldados estão usando bolas de madeira para praticar a pontaria. Iulius pensa que a **ballista** é uma arma muito assustadora quando usada em batalhas reais, pelos soldados, contra o inimigo. Ele pergunta aos soldados se pode tentar atirar com a catapulta, mas ele não é grande o suficiente para puxar a forte alavanca!

# Onde estão Minimus e Vibrissa?

**1** Minimus et Vibrissa prope ballistam sunt.

**2** Minimus et Vibrissa circum ballistam currunt.

**3** Minimus sub ballista est.

**4** Vibrissa super ballistam est.

**5** Minimus in ballista est.

**6** Vibrissa pro ballista est.

**7** Vibrissa ad ballistam currit.

**8** Minimus e ballista currit.

**9** Vibrissa fessa est. Minimus laetissimus est!

### PALAVRAS PARA AJUDAR

**prope:** perto de
**circum:** ao redor de
**sub:** embaixo de

**super:** em cima de
**in:** dentro de
**pro:** em frente a

**ad:** para perto de
**e:** para longe de
**fessa:** cansada
**laetissimus:** muito feliz

### DESCUBRA A GRAMÁTICA

Dê uma outra olhada na história em quadrinhos e encontre pequenas palavras que mostrem onde Minimus e Vibrissa estão. Essas palavras são chamadas de **preposições**, porque indicam a posição de alguém ou de alguma coisa. Nas primeiras oito imagens, há diferentes preposições. Você pode dizer qual é cada uma das preposições latinas e dar seu significado?

### RAÍZES LATINAS

1 Para onde um submarino vai?

2 Onde vivem as criaturas subterrâneas?

3 Se um velejador circum-navegou a terra, onde ele esteve?

4 Em qual direção um propulsor move o barco?

Iulius e Flavius retornaram a casa. Iulius vê Corinthus e Candidus e reclama: "Eu gostaria de poder ingressar no exército agora, mas o meu pai diz que sou muito jovem. Eu gostaria que alguém pudesse me esticar para que eu crescesse mais rapidamente!" Candidus ri: "Mas não é possível esticar pessoas!" "Você obviamente nunca ouviu esta história," replicou Corinthus. "Deixe-me contar sobre..."

### PROCRUSTES E SUA TERRÍVEL CAMA

Você provavelmente ouviu falar sobre Teseu, o grande herói grego, e de como ele lutou contra o Minotauro na ilha de Creta. Entretanto, antes de navegar para Creta, Teseu fez uma longa jornada até Atenas, em direção a um país desordenado e repleto de bandidos e ladrões. Ele começou sua carreira de herói matando a maioria dos homens terríveis que encontrou em seu caminho: o pior desses vilões foi Procrustes.

Procrustes tinha uma hospedagem no caminho, aberta para viajantes cansados. Ele poderia dar a seus clientes uma agradável recepção e tratá-los bem... até a noite. Quando um exausto viajante deitava-se na cama que Procrustes indicava, ele estava perdido. Procrustes amarrava na cama o homem e o media. Se fosse maior que a cama, Procrustes cortava seus pés. Se fosse menor, o cruel anfitrião girava uma manivela e transformava a cama em uma mesa de tortura, esticando a vítima até sua morte. Se o viajante tivesse o mesmo tamanho que a cama, Procrustes simplesmente o sufocava com um travesseiro. E então roubava o dinheiro do viajante.

Teseu tinha ouvido sobre esse terrível homem e estava preparado para ele. Quando Procrustes mostrou-lhe a famosa cama, Teseu o nocauteou, prendeu-o e esticou-o até atingir o dobro de seu próprio tamanho, cortando então seus pés e sua cabeça. Esse foi o fim de Procrustes!

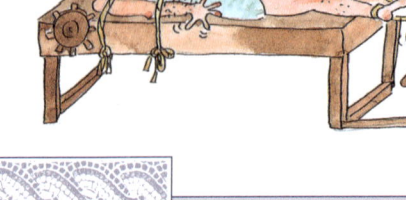

**PALAVRAS PARA LEMBRAR**

**quis?:** quem?
**prope:** perto de
**circum:** ao redor de
**sub:** embaixo de
**super:** em cima de
**in:** dentro de
**pro:** em frente a
**ad:** para perto de
**e:** para longe de
**fessus/fessa:** cansado/cansada

**Lembre-se:** preposições nos dizem a posição de alguma coisa.

# 10 Que lindo!

## Você está adorável!

Pandora está ajudando Lepidina a se vestir. Lepidina está vestindo uma **tunica** (um vestido longo). Para aquecê-la, Pandora também coloca nela uma **palla** (xale) e a fixa com um broche.

**1** salve, Rufe!
salve, mater! quam pulchra es.

**2** gratias tibi ago, Rufe. conside et specta!

Lepidina laeta est quod Pandora diligenter laborat.

**3** quid hoc est, Pandora?
capillamentum est.

**4** nunc capilli pulchri sunt, sed aures sordidae sunt.

**5** quid hoc est?
unguentum est.

**6** Pandora, ubi gemmae sunt? ecce!

quamquam Pandora diu laborat, Lepidina contenta non est.

**7** euge!

**8** Rufe, improbus es!

## PALAVRAS PARA AJUDAR

**gratias tibi ago:** obrigado, obrigada
**capillamentum:** peruca
**capilli:** cabelos
**aures:** orelhas
**unguentum:** batom
**gemmae:** joias
**quamquam:** embora
**diu:** por um longo tempo

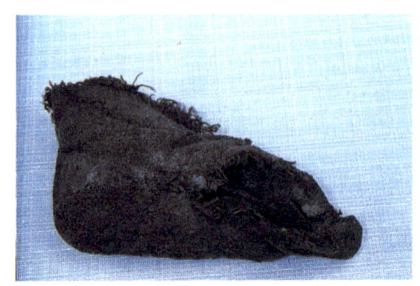

Uma penteadeira romana

Uma meia de criança

## DESCUBRA A GRAMÁTICA

Nos quadrinhos, as sentenças latinas se tornam longas quando duas sentenças menores são unidas por um conectivo. Por exemplo:

Lepidina laeta est **quod** Pandora diligenter laborat.
Lepidina está feliz *porque* Pandora trabalha habilmente.

**quod** (*porque*) é o conectivo.

Nós chamamos esses conectivos de **conjunções**. Diferentemente de adjetivos e verbos, tais palavras nunca se modificam.

1 Leia novamente os quadrinhos 2, 4 e 6. Em cada um deles, qual é a **conjunção** que une duas sentenças menores? Encontre a palavra em latim e diga o que significa em Português.

2 Assim como em latim, em português nós podemos montar sentenças mais longas e mais interessantes unindo-as com uma **conjunção**. Aqui há 4 pares de sentenças. Junte cada par para montar uma sentença maior, utilizando a conjunção. Escolha da lista abaixo. Você pode utilizar cada conjunção apenas uma vez.

a) Pandora veste Lepidina. Ela arruma o cabelo de Lepidina.
b) Pandora arruma o cabelo de Lepidina cuidadosamente. Ela não gosta disso.
c) Corinthus e Candidus estão felizes. Pandora chegou.
d) Corinthus gosta de Pandora. Pandora gosta de Rufus.

porque   mas   e   embora

# O anel romântico

1. Flavia in cubiculo est et gemmas spectat.

2. quid est?
   anulus est. pretiosus est.

3. cur pretiosus est?
   quod aureus est.

4. anulus splendidus est.
   ita vero. anulus donum a patre tuo est.

5. quid haec verba sunt?
   anima mea.

6. quam amatorius est!

### PALAVRAS PARA AJUDAR

**in cubiculo:** no quarto
**anulus:** anel
**pretiosus:** precioso
**cur:** por quê?
**aureus:** feito de ouro

**a patre tuo:** de seu pai
**haec verba:** estas palavras
**anima mea:** minha vida, minha alma
**amatorius:** romântico

> Olhe para o primeiro quadrinho de *O anel romântico*. Qual palavra latina é a **conjunção**? O que ela significa em português?

### RAÍZES LATINAS

1 Qual palavra, em português, que significa "valioso", vem de <u>pretiosus</u>?

2 De qual palavra em latim vieram os verbos "dar" e "doar"?

3 O que significa a palavra "áureo" em português?

> Se você acha que algumas palavras são confusas, busque ajuda em um dicionário. Dicionários são excelentes livros – eles me ajudam a aprender novas palavras!

Você tem alguma joia em casa? Do que é feita? Use uma biblioteca para pesquisar com quais materiais os romanos faziam suas joias. Quais materiais eles devem ter tido em Vindolanda? Há materiais utilizados para fazer joias hoje que não estavam disponíveis para os romanos?

Lepidina e Flavia ainda estão admirando o anel de Lepidina. Corinthus chega para dizer a Flavia que está na hora de uma lição. Ela responde que ama o ouro do anel de sua mãe e gostaria de ter também um anel de ouro. Corinthus concorda que é um anel bonito, mas a adverte sobre ser gananciosa por ouro.

### MIDAS E O TOQUE DE OURO

O deus Baco estava grato ao rei Midas e, como recompensa, concedeu a ele um desejo. O ganancioso Midas desejou que tudo o que ele tocasse virasse ouro. O deus concedeu o desejo, advertindo-o de que se arrependeria. Midas ficou muito entusiasmado. Ele tocou uma lâmina de grama com um dedo cauteloso. Imediatamente aquilo brilhou com um esplendor dourado. Pegou uma flor e a sentiu pesar de repente em sua mão, brilhando. Midas correu para seu palácio, tocando tudo a sua volta. Estátuas em ouro surgiram brilhantes em seu quintal, entre plantas e colunas também douradas. Midas gargalhou. Ele encurvou-se para mergulhar seus dedos na fonte, mas a água de repente paralisou à medida que as correntes se tornavam sólido metal. Ele se esticou para pegar uma maçã, mas, antes de mordê-la, sentiu-a dura e fria em sua mão. Ele começou a se sentir mal. Então ele ouviu passos e uma voz risonha, enquanto sua filhinha corria para beijá-lo. Midas, inadvertidamente, tocou seus braços – e ficou aterrorizado ao sentir que a pele de sua filha se tornava gelada. Seu toque de ouro a tinha transformado em uma estátua sem vida! Midas caiu de joelhos e implorou a Baco que desfizesse seu terrível presente. Baco perdoou o rei, recomendando que se livrasse da maldição no rio Pactolo. O rio, até hoje, tem um brilho dourado.

Lembre-se das palavras usadas para unir uma sentença (conjunções) **et**, **sed**, **quod** e **quamquam**. Você consegue se lembrar de seus significados?

### PALAVRAS PARA LEMBRAR

**gratias tibi ago:** obrigado(a)
**laetus/laeta:** feliz
**diu:** por um longo tempo
**cur?:** por quê?
**quid?:** o quê?
**ubi?:** onde?

# 11 Um dia triste

## Más notícias

Candidus recebe uma carta de seu amigo Barates. Barates está muito triste porque sua esposa, Regina, morreu.

**1** Candidus epistulam accipit.

**2** Barates tristissimus est quod Regina mortua est.

**3** Candidus conta a Flavius e Lepidina a triste notícia. Eles decidem viajar para Eboracum, para acompanhar o funeral de Regina. Candidus viajará com Flavius e Lepidina para cuidar deles na viagem. Os demais escravos vão ficar para cuidar do restante da família.

**4** Lepidina Candidum curat.

**5** Corinthus equum et plaustrum parat.

**6** Pandora familiam curat.

**PALAVRAS PARA AJUDAR**

**epistulam:** carta
**accipit:** recebe
**tristissimus:** muito triste
**mortua:** morta

**curat:** cuida de
**equum:** cavalo
**plastrum:** carroça
**parat:** prepara

**DESCUBRA A GRAMÁTICA**

A palavra latina para carta é **epistula**. Olhe de novo para o primeiro quadrinho de *Más notícias*: lá, a palavra tem um final diferente, **epistulam**. Vamos descobrir o porquê.

> No Capítulo 2, você aprendeu que **adjetivos** (palavras descritivas) têm terminações diferentes porque eles devem concordar com o substantivo que estão acompanhando.
>
> No capítulo 3, você aprendeu que verbos têm terminações diferentes, dependendo de quem está fazendo a ação.
>
> Neste capítulo, você verá que os **substantivos** latinos também mudam as suas terminações, **dependendo da função que eles têm em uma frase**.

Palavras podem exercer diferentes funções em uma frase. A pessoa ou a coisa que faz a ação é chamada de **sujeito**. A pessoa ou a coisa para quem se faz a ação é chamada de **objeto**.

> Lembre-se de que o *verbo* é a palavra da ação em uma frase.

Por exemplo:

| *Sujeito* | *Verbo* | *Objeto* |
|---|---|---|
| Candidus | recebe | uma carta. |

Em latim, os substantivos que são o objeto de uma frase mudam as suas terminações. É por isso que **epistula** vira **epistulam**: porque ela é o objeto da frase.

A palavra latina para cavalo é **equus**, mas na figura 5 ela virou **equum**. Isso aconteceu porque o cavalo não é o sujeito da frase (quem está fazendo a ação), mas o objeto (aquele para quem a ação é feita – "sendo preparado").

**1** Copie estas frases em português e sublinhe o verbo. Então coloque um "S" em cima do sujeito e um "O" em cima do objeto. A primeira está feita para você:

      S            O

**a)** Vibrissa <u>persegue</u> Minimus.

**b)** Minimus persegue Vibrissa.

**c)** Minimus come queijo.

**d)** Vibrissa come ratos.

**e)** Flavius e Lepidina elogiam Candidus.

**f)** Candidus assa um pavão e um esquilo.

**g)** Candidus e Corinthus gostam de Pandora.

**h)** Pandora ama Rufus.

### RAÍZES LATINAS

**1** Que palavra, em português, vem da palavra latina <u>accipit</u>?

> Note que, em latim, a palavra *accipit* tem dois "c", mas, em português, a palavra que veio dela tem apenas um!

**2** Na Bíblia, o que são as <u>epístolas</u> de São Paulo?

**3** Observe o significado da palavra latina <u>mortua</u>. Agora responda às seguintes questões, todas envolvendo essa palavra latina. Use um dicionário, se você tiver alguma dúvida.

**a)** O que significa ser um *mortal*?

**b)** O que há de especial em um *imortal*?

**c)** Qual é a função de um *mortuário*?

# Adeus a Regina

Candidus, Flavius e Lepidina chegam a Eboracum, onde Barates está se preparando para o funeral de Regina.

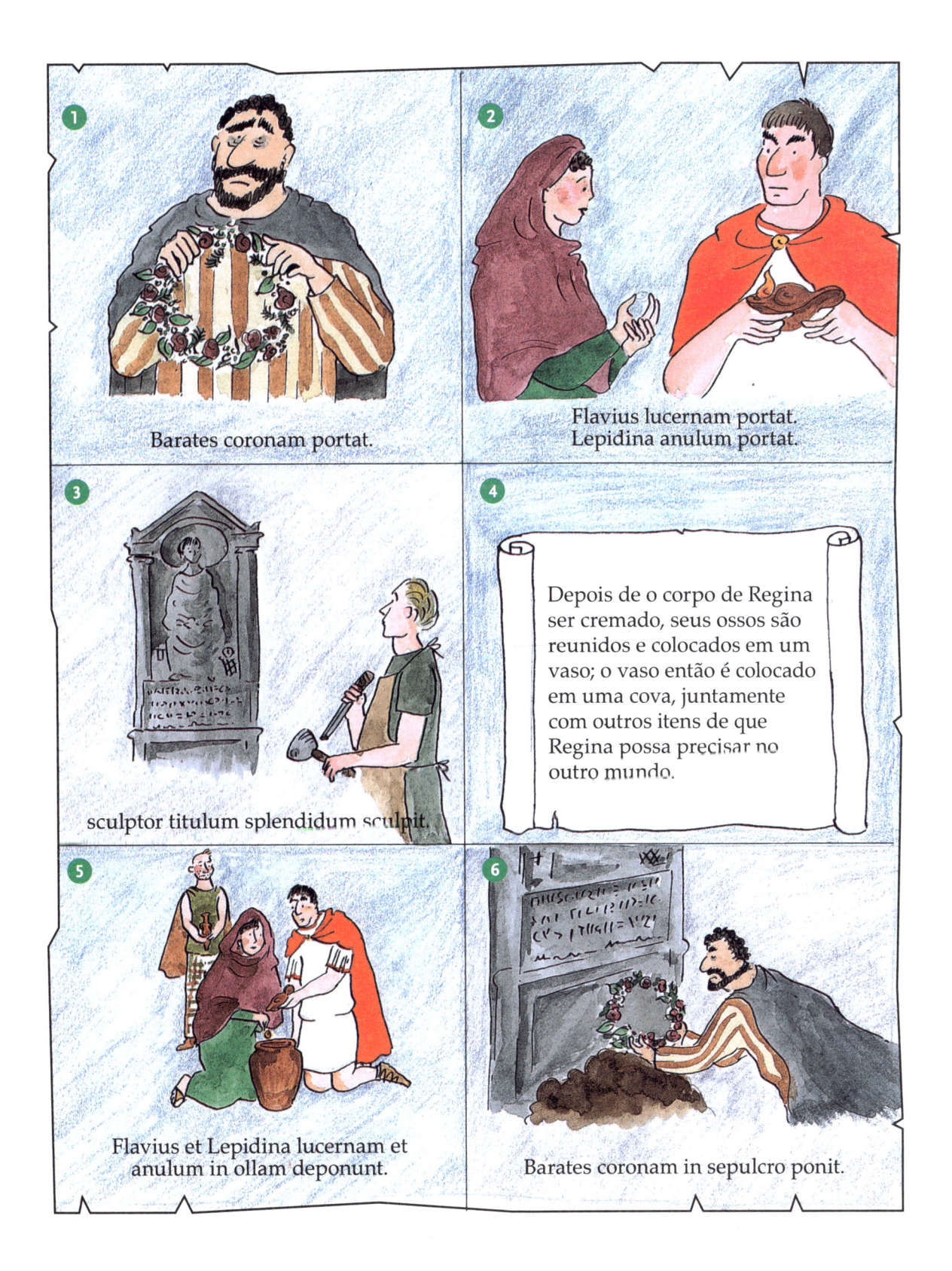

**1.** Barates coronam portat.

**2.** Flavius lucernam portat.
Lepidina anulum portat.

**3.** sculptor titulum splendidum sculpit.

**4.** Depois de o corpo de Regina ser cremado, seus ossos são reunidos e colocados em um vaso; o vaso então é colocado em uma cova, juntamente com outros itens de que Regina possa precisar no outro mundo.

**5.** Flavius et Lepidina lucernam et anulum in ollam deponunt.

**6.** Barates coronam in sepulcro ponit.

### PALAVRAS PARA AJUDAR

**coronam:** coroa (de flores)  
**lucernam:** lamparina  
**titulum:** inscrição (em uma lápide)  
**sculpit:** esculpe (está esculpindo)  
**ollam:** vaso  
**deponunt:** depositam  
**sepulcro:** túmulo  
**ponit:** põe (está pondo)

Dê outra olhada nas frases latinas da história em quadrinhos. Em cada uma, encontre a pessoa que está praticando a ação (o sujeito) e anote. Encontre também o termo que designa a coisa para a qual a ação é feita (o objeto). Por exemplo, o sujeito da primeira frase é **Barates** e o objeto é **coronam**.

### NOTÍCIAS DE ROMA

Os romanos acreditavam ser muito importante enterrar corretamente os seus mortos, seguindo certos costumes, para garantir que o espírito da pessoa morta pudesse descansar em paz no outro mundo.

Em Roma, nos tempos antigos, os corpos eram geralmente cremados. As cinzas eram então colocadas em recipientes feitos de vidro ou chumbo. Mais tarde, o sepultamento se tornou mais comum: o corpo, geralmente em um caixão, era colocado em um túmulo. As coisas de que a pessoa morta pudesse precisar no outro mundo, como comida e bebida, deveriam ser colocadas no recipiente com as cinzas ou no caixão.

Às vezes uma moedinha era colocada na língua da pessoa. Os romanos acreditavam que, quando chegassem ao mundo dos mortos, eles teriam de cruzar o Rio Estige. Eles seriam levados pelo rio por Caronte, o barqueiro, e a moeda era para pagar a travessia.

A lei romana não permitia o sepultamento em cidades, então os cemitérios eram encontrados em sua maioria nas estradas principais que vinham de assentamentos romanos.

> A lápide de Regina nos conta que ela morreu aos 30 anos. Por que será que ela morreu tão jovem?
>
> Barates deve ter gastado bastante dinheiro na lápide dela. O que isso nos diz a respeito de Barates e Regina?

Depois do funeral, a família se despede de Barates. Eles viajam para Cataractonium, onde passam a noite na hospedaria. Eles se sentem cansados e tristes, mas contentes porque puderam estar com Barates. Eles conversam sobre a morte. Flavius conta a Candidus a famosa história de dois amantes que morreram tragicamente: Píramo e Tisbe.

### PÍRAMO E TISBE

Píramo e Tisbe estavam muito apaixonados, mas eram impedidos de se encontrar porque suas famílias eram inimigas. Eles combinaram de se encontrar secretamente uma noite, em uma clareira, ao lado de uma amoreira. Tisbe, com o rosto coberto por um véu, arrastava-se em silêncio até a clareira, procurando por Píramo. Subitamente, uma leoa saltou do emaranhado matagal. A leoa tinha acabado de capturar alguns pobres animais e suas mandíbulas ainda estavam cheias de sangue. Tisbe se aterrorizou e correu para uma caverna próxima, deixando cair o seu véu enquanto corria. A leoa agarrou o véu e rasgou-o com seus dentes afiados antes de retirar-se furtivamente para devorar os animais capturados!

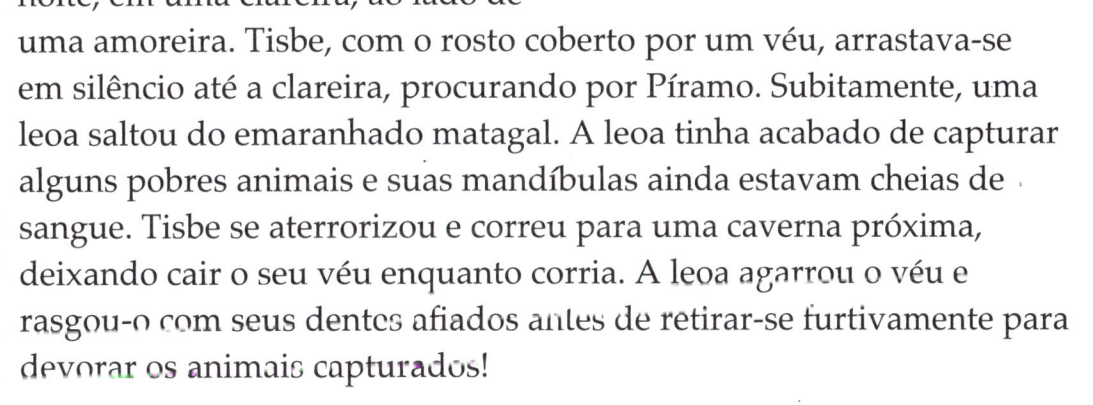

Píramo chega à clareira, agora deserta. Vendo o véu ensanguentado e nenhum sinal da sua amada Tisbe, ele concluiu que ela havia sido morta pela leoa. Desesperado e sentindo que não poderia viver sem sua amada, Píramo golpeou a si mesmo com sua espada. Logo depois, Tisbe retornou à clareira e, para seu horror, encontrou Píramo, que então estava quase morto. Perturbada, ela pegou a espada dele e se matou. O sangue dos amantes tingiu o solo e foi absorvido pelas raízes da amoreira, sob cujos extensos ramos eles tinham a esperança de se encontrar. É por isso que amoras têm uma coloração vermelha e intensa.

**Lembre-se:** A pessoa que faz a ação é chamada de sujeito da frase.

A pessoa ou coisa afetada pelo verbo é chamada de **objeto** da frase.

Os **substantivos** latinos mudam as suas terminações para mostrar quando são **sujeito** ou quando são **objeto** de uma frase.

### PALAVRAS PARA LEMBRAR

**accipit:** recebe (está recebendo)
**parat:** prepara (está preparando)
**portat:** leva (está levando)
**ponit:** põe (está pondo)
**epistula:** carta
**mortuus/mortua:** morto/morta

Lápide de Regina

# 12 Deuses, ouçam as nossas preces!

## Rufus está doente

Lepidina e Flavius estão preocupados porque Rufus está doente. Ele tem febre e reclama de dores no estômago.

1. Rufus nihil consumit quod calidus est.
2. Lepidina anxia est et medicum arcessit.
3. Corinthus et Candidus non laborant quod solliciti sunt.
4. quamquam Flavia et Iulius pavidi sunt, in horto ludunt.
5. Minimus et Vibrissa tristes sunt et non currunt.
6. Flavius anxius est, sed epistulam scribit.

### PALAVRAS PARA AJUDAR

**nihil:** nada
**consumit:** come (está comendo)
**calidus:** quente
**arcessit:** chama, convoca

**solliciti:** preocupados
**pavidi:** assustados
**tristes:** tristes

> Atenção: **calidus** com um "l" é uma palavra diferente de **callidus** com dois! Você consegue lembrar o significado de *callidus*?

### DESCUBRA A GRAMÁTICA

**1 a)** Cada frase latina nos quadrinhos contém um **adjetivo** (palavra descritiva) que nos conta algo sobre quem aparece na imagem. Escreva abaixo os seis adjetivos em latim, um de cada frase. Depois, escreva ao lado a tradução em Português. Por exemplo:
1 **calidus** = quente.

**b)** Três dos adjetivos estão no singular e outros três no plural. Você consegue diferenciá-los?

> Lepidina está **anxia** e Flavius está **anxius**. Por que esses adjetivos possuem terminações diferentes? E por que eles estariam ainda mais preocupados se Rufus estivesse **calidissimus**?

**2 a)** Em cada quadrinho, duas sentenças curtas são transformadas em uma única sentença mais longa por meio do uso de uma **conjunção** (uma palavra que tem por função conectar). Escreva as **conjunções** em latim juntamente com seu significado em Português.

**b)** Você consegue se lembrar de outras **conjunções** em latim ou em português? Faça uma lista.

**3** Observe os verbos na história em quadrinhos. Por exemplo:

Rufus nihil **consumit**.
Corinthus et Candidus non **laborant**.

Por que alguns verbos terminam em **-t** e outros em **-nt**?

O médico não conseguiu ajudar Rufus. Flavius e Lepinida decidem então fazer sacrifícios e orar aos deuses. Enquanto isso, Candidus ora às deusas bretãs locais.

*Iuppiter! preces nostras audi! vinum accipe!*

*deae matres! precem meam audite!*

**PALAVRAS PARA AJUDAR**

**preces nostras:** nossas preces
**vinum:** vinho

**deae matres:** deusas mães
**precem meam:** minha prece

4  Quando um **verbo** está seguido de ponto de exclamação, geralmente ele está na forma **imperativa**. Nas preces, **audi!** e **audite!** significam "ouça!" e "ouçam!". Por que a ordem de Candidus termina em **-te**?

# NOTÍCIAS DE ROMA

## Os deuses

Corinthus pergunta a Candidus sobre as *deae matres*. Candidus explica que elas são deusas da cura. Corinthus sugere que orem a algum dos deuses gregos, mas Candidus não conhece os nomes deles. Corinthus cita então os nomes dos deuses gregos mais importantes, e explica que os romanos adoravam os mesmos deuses, mas normalmente com nomes diferentes.

| Nome Grego | Nome Romano | Nome Grego | Nome Romano |
|---|---|---|---|
| Zeus | Júpiter | Ares | Marte |
| Hera | Juno | Atenas | Minerva |
| Ártemis | Diana | Hefesto | Vulcano |
| Apolo | Apolo | Deméter | Ceres |
| Poseidon | Netuno | Hades | Plutão |
| Hermes | Mercúrio | Dionísio | Baco |
| Afrodite | Vênus | | |

**5** Cada membro da família está tentando ajudar de alguma forma para que Rufus melhore. Temos abaixo duas listas – uma lista de personagens e uma lista de ações. Copie, em latim, o nome de cada personagem seguido do que ela provavelmente fez para ajudar e, depois, traduza. Qual dessas ações você acha que mais ajudará Rufus a se sentir melhor?

| | Personagens | Ações |
|---|---|---|
| A | Lepidina | fabulam narrat. |
| B | Flavius | Rufum lambit. |
| C | Iulius | capillos pectit. |
| D | Flavia | caseum dat. |
| E | Candidus | medicamentum portat. |
| F | Corinthus | versum recitat. |
| G | Pandora | plaustrum parat |
| H | medicus | sacrificium facit. |
| I | Minimus | suaviter cantat. |
| J | Vibrissa | Rufum tenet. |

### PALAVRAS PARA AJUDAR

**fabulam:** história
**narrat:** conta (está contando)
**lambit:** lambe (está lambendo)
**capillos:** cabelos
**pectit:** penteia (está penteando)
**caseum:** queijo
**dat:** dá

**plaustrum:** carroça
**parat:** prepara (está preparando)
**sacrificium:** sacrifício
**facit:** faz (está fazendo)
**suaviter:** docemente
**cantat:** canta (está cantando)
**tenet:** abraça

## Tudo está bem quando termina bem...

**1.** nunc Rufus non calidus est.

**2.** subito Rufus surgit.

**3.** nunc Rufus ridet.

**4.** omnes rident.

### PALAVRAS PARA AJUDAR

**nunc:** agora    **surgit:** levanta-se    **omnes:** todos

Rufus gostou muito da história que Corinthus lhe contou enquanto ele estava doente. Ele pede para ouvi-la novamente. Corinthus, então, explica como Mercúrio se tornou o mensageiro dos deuses...

## O BEBÊ FANTÁSTICO

Uma manhã, Apolo, o deus Sol, conduzia seu carro flamejante pelo céu. Ele olhou para a Terra, lá embaixo, para os campos e bosques da Grécia. Ali, em uma campina, ele guardou um rebanho de magníficas vacas brancas. Todas as manhãs ele as contava uma a uma. Mas naquele dia ele franziu a testa, irado: estavam faltando seis vacas... Apolo decidiu procurá-las. Não havia sinal algum delas, nem ao menos pegadas. Finalmente, chegou a uma caverna em uma montanha solitária, onde encontrou uma linda mulher sentada, costurando. Apolo pediu para inspecionar a caverna. "Não!", ela respondeu. "Meu bebê está dormindo lá dentro, em seu berço de casco de tartaruga. Ele tem apenas um dia de vida. Como ele poderia saber alguma coisa sobre suas vacas?". Logo em seguida, um som estranho veio para fora da caverna. Alguém estava tocando música. Apolo então entrou na caverna. O bebê estava sentado no chão, segurando o casco de tartaruga. Ele havia atado tripas de vaca ao casco, transformando-o em um instrumento musical. Apolo apanhou o menino. "Onde estão minhas vacas?", perguntou o deus. O bebê sorriu inocentemente, mas Apolo insistiu em levá-lo até Júpiter no monte Olimpo. "Esse bebê roubou minhas vacas!", exclamou. Júpiter olhou seriamente para o bebê. "Como você conseguiu fazer isso?", perguntou. "Escapei da caverna enquanto minha mãe dormia e amarrei galhos nas patas das vacas para que elas não deixassem rastros", respondeu o bebê. "Sinto muito por suas vacas, Apolo, mas sou muito novo para diferenciar o certo e o errado. Fique com esse instrumento musical em troca das vacas". Júpiter riu: "Acho que você será o maior trapaceiro que já existiu! Por que você não fica aqui, onde eu posso manter meus olhos em você? Eu tenho uma ocupação perfeita para você!". Assim, Mercúrio, o mais jovem dos deuses, se tornou o mensageiro dos deuses – e também o deus dos ladrões e trapaceiros.

valete!